宅基地"三权分置"实现路径研究

雷 兰 王小芳◎著

知识产权出版社

全国百佳图书出版单位

—北 京—

图书在版编目（CIP）数据

宅基地"三权分置"实现路径研究/雷兰，王小芳著. —北京：知识产权出版社，2025.1. —ISBN 978-7-5130-9696-6

Ⅰ. F321.1

中国国家版本馆 CIP 数据核字第 20248J33K7 号

责任编辑：国晓健　　　　　　　　　责任校对：谷　洋
封面设计：刘　伟　　　　　　　　　责任印制：孙婷婷

宅基地"三权分置"实现路径研究

雷　兰　王小芳　著

出版发行：知识产权出版社有限责任公司	网　　址：http://www.ipph.cn
社　　址：北京市海淀区气象路 50 号院	邮　　编：100081
责编电话：010-82000860 转 8385	责编邮箱：guoxiaojian@cnipr.com
发行电话：010-82000860 转 8101/8102	发行传真：010-82000893/82005070/82000270
印　　刷：北京九州迅驰传媒文化有限公司	经　　销：新华书店、各大网上书店及相关专业书店
开　　本：787mm×1092mm　1/16	印　　张：12.75
版　　次：2025 年 1 月第 1 版	印　　次：2025 年月第 1 次印刷
字　　数：200 千字	定　　价：78.00 元

ISBN 978-7-5130-9696-6

目 录

引　言

　　土地负载万物，土地又孕育万物。因为有了土地这一载体，人类社会的财富才得以生成，人类才得以繁衍延绵。人类世世代代在土地上寻找生存的根本，土地也给他们提供了安身立命的居所。中国自古以农业立国，新中国的成立是广大人民在中国共产党领导下走农村包围城市的道路的胜利，于今天而言，农村依然是中国最基层的保障。而且，即使"在现代化政治中"，农村依然"扮演着关键性的'钟摆'角色……得农村者得天下"❶。

　　近年来，中国农村人口中有三分之一左右外出务工，而且数量逐年增加。这就意味着越来越多的农村人口实际上并未生活在农村。人口在流动，而囿于当前制度限制难以实现有序流转的、用来确保农民"居者有屋"的农村宅基地却出现了大量空置现象。"空心村""空心房"导致了我国宅基地资源的浪费。在学界，"三权分置"概念于 20 世纪 80 年代中后期被提出，起初是对"土地承包经营权"的改革。农地"三权分置"已经在 2018 年《中华人民共和国农村土地承包法》（以下简称《农村土地承包法》）的修改中予以体现，"土地经营权"已经成为独立的法律概念。2014 年年底，全国人大常委会决定授权国务院在全国 33 个试点地区进行"三块地"改革，宅基地管理制度试点改革是其中一项重要内容，但在这一阶段的改革中，土地征收和集体经营性建设用地入市是改革的重点。到

---

❶　［美］塞缪尔·P. 亨廷顿：《变化社会中的政治秩序》，王冠华，刘为等译，上海人民出版社 2008 年版，第 241 页。

2018 年,"中央一号文件"提出宅基地"三权分置",农村宅基地迎来了流转的春天;此后多地再次开启了农村宅基地改革的探索。而实践中,"隐形流转"以及宅基地闲置等问题的存在已经表明宅基地"三权分置"入法并通过法律规范其流转,从而放活宅基地的使用成为时代发展的必然。

"农民土地问题是贯穿中国共产党百年奋斗历程的一条基本线索,也是透视中国革命、社会主义建设、改革和现代化发展道路选择的一个重要维度。"❶ 宅基地制度改革在党的十八大以来越发成为农村土地改革的重要内容。宅基地"三权分置"的实现路径研究在当前更具现实意义。本书主要从制度规范的角度入手分析宅基地"三权分置"的实现路径。在分析过程中,本书从宅基地改革的基本逻辑出发,梳理新中国成立以来中国宅基地从所有权、使用权"两权合一"到所有权、使用权"两权分离",再到政策上宅基地所有权、资格权、使用权"三权分置"的历史脉络;提出在当前中国经济社会飞速发展的背景下,城市化发展与人口流动带来了宅基地"三权分置"改革的内在驱动力,宅基地事实上存在的隐形流转是宅基地"三权分置"改革的外在动力;在当代中国,宅基地"三权分置"改革是城乡土地平等的价值要求,是经济社会效率并重的价值选择,是城乡二元秩序化解的价值需要。

从"三块地"改革试点到提出宅基地"三权分置"政策,再到各地的试点实践,中国农村宅基地改革不管是在制度构建上还是在"三权分置"的实现方式上都进行了积极探索。在"三块地"试点改革期间,各个试点就探索了通过规范性文件对宅基地使用制度予以规范、放活宅基地使用、搭建宅基地流转的平台体系和市场机制、建设宅基地使用监管制度和关注农村居民宅基地改革后的居住保障等问题。2018 年,"中央一号文件"明确宅基地"三权分置"为所有权、资格权、使用权后,全国再次启动试点。但是各地在试点中依然以发布地方规范性文件为主,地方性立法仅有 6 部,而对宅基地改革内容都在综合性立法中予以体现,没有一个地方立

---

❶ 孙乐强:《农民土地问题与中国道路选择的历史逻辑——透视中国共产党百年奋斗历程的一个重要维度》,《中国社会科学》2021 年第 6 期。

法对"三权"予以明确。这在一定程度上使得宅基地"三权分置"的实现机制仍无法可依。同时,依据地方规范性文件开展的"三权分置"实践也遭遇了历史遗留问题影响,以及"双权"抵押贷款难度大、农民参与不足、宅基地上权利属性不明和主体混乱等现实障碍❶。因此,对宅基地"三权分置"改革的立法迫在眉睫。整体而言,宅基地所有权和政策上的"资格权"在当前阶段不会发生变化,如何建构政策之"宅基地使用权"以及盘活宅基地使用后增值收益的分配问题是宅基地"三权分置"实现路径的重要方面。笔者认为,政策之宅基地"三权"在立法中可建构为"农民集体所有权—农户宅基地使用权—其他民事主体宅基地次级使用权",这具有正当性和可行性。而宅基地流转、继承、退出等的"三权分置"实现机制亦需要法律提供明确的路径方能规范运行。同时,由于宅基地"三权分置"改革是一个系统工程,其相关配套机制的完善是保证宅基地改革顺利进行的重要内容。我们可以通过搭建健全的农村土地产权交易市场、合理的土地增值收益分配共享机制❷,以及强化农民教育、提升农民主体能力和构建城乡接轨的社会保障制度为宅基地改革保驾护航。

中国农村宅基地制度改革刚刚起步,探求宅基地"三权分置"改革的实现机制仍是一个理论与实践并重的话题。

---

❶ 赵树枫,李廷佑,张强等:《农村宅基地制度与城乡一体化》,中国经济出版社 2015 年版,第 115 页。

❷ 李明华:《发展农村土地产权交易市场:当前我国农村综合改革的最大红利》,《探索》2015 年第 1 期。

第一章 宅基地"三权分置"的制度形成

宅地自古以来就是中国农民安身立命的根本所在。两千多年前的中国先贤们就提出"安居乐业"的思想。老子言,"民各甘其食,美其服,安其俗,乐其业,至老死不相往来";《汉书》中也有"各安其居而乐其业,甘其食而美其服"的记载;文人墨客更是留下不少有关"有居""得归"等感人情怀的诗句。直至今天,"安居乐业"依然是中国人民的美好愿景。整体而言,中国古代的宅地比其他类型的土地更具稳定性,唐朝以前宅地受到比其他类型土地更多的法律保障。❶ 宅地比耕地更早获得永久使用和自由买卖的权利。随着唐朝中期以后土地的私有化,宅地和其他土地一样进入市场后,这一情况才发生了较大变化。❷ 新中国成立以后,我国构建了独具特色的中国宅基地法律制度。随着整个国家经济社会的发展,土地改革势不可挡。只是建国初期确认"居者有其屋"的农民居住保障功能贯穿农村宅基地制度变迁的过程。

第一节 新中国成立以来农村宅基地制度的变迁

宅基地制度是最具中国特色的农村土地制度。自新中国成立发展至

---

❶ 应星:《农户、集体与国家:国家与农民关系的六十年变迁》,中国社会科学出版社 2014 年版,第 17 页。

❷ 郑雄飞,黄一倬:《从均田到集中:民生演化视角下的唐朝土地制度变迁研究》,《东岳论丛》2021 年第 3 期。

今，中国宅基地制度的变迁可以分为三个阶段：第一阶段是宅基地所有权和使用权"两权合一"时期，时间跨度为：1949—1961年；第二阶段为所有权归农民集体和使用权归农户的"两权分离"时期，时间跨度为：1962—2017年；第三阶段为所有权、资格权和使用权"三权分置"时期，政策明确于2018年，至今仍未在法律中予以确认。宅基地上权利体系的变化与其所处的时代背景息息相关，在不同时期承担了不同的历史使命。

一、宅基地"两权合一"的制度形成与社会转向

新中国成立之初，《中国人民政治协商会议共同纲领》提出，国家要"有步骤地将封建半封建的土地所有制改变为农民的土地所有制"，形成了土地私有的产权模式。土地私有在1950年的《中华人民共和国土地改革法》（以下简称《土地改革法》）、1954年的《中华人民共和国宪法》（以下简称《宪法》）和1955年《农业生产合作社示范章程草案》中被确认。据此，宅基地上的产权表现为所有权和使用权都归属于农民的"两权合一"模式。即使是在1956年《高级农业生产合作社示范章程》要求入社成员将私有土地转为合作社集体所有时仍强调"房屋地基不必入社"。宅基地及其上房屋属于私有财产并被法律文本视为农民的基本生活资料。（见表1）

表1　宅基地"两权合一"的制度规定

名　称	效力位阶	内　容	评　价
《中国人民政治协商会议共同纲领》（1949年）	法律	第3条：……有步骤地将封建半封建的土地所有制改变为农民的土地所有制，保护国家的公共财产和合作社的财产，保护工人、农民、小资产阶级和民族资产阶级的经济利益及其私有财产…… 第27条：土地改革为发展生产力和国家工业化的必要条件。凡已实行土地改革的地区，必须保护农民已得土地的所有权。凡尚未实行土地改革的地区，必须发动农民群众，建立农民团体，经过清除土匪恶霸、减租减息和分配土地等项步骤，实现耕者有其田。	土地农民所有，没有对土地产权流转的规定

续表

名　称	效力位阶	内　容	评　价
《土地改革法》(1950 年)	法律	第 1 条：废除地主阶级封建剥削的土地所有制，实行农民的土地所有制…… 第 30 条：土地改革完成后，由人民政府发给土地所有证，并承认一切土地所有者自由经营、买卖及出租其土地的权利。土地制度改革以前的土地契约，一律作废。	土地农民所有，土地所有者有权经营、买卖、出租
《宪法》(1954 年)	法律	第 8 条：国家依照法律保护农民的土地所有权和其他生产资料所有权。……	首次以根本法形式确认农民土地所有权
《农业生产合作社示范章程》(1955 年)	法律	第 1 条：农业生产合作社是劳动农民的集体经济组织，是农民在共产党和人民政府的领导和帮助下，按照自愿和互利的原则组织起来的；它统一地使用社员的土地、耕畜、农具等主要生产资料，并且逐步地把这些生产资料公有化；它组织社员进行共同的劳动，统一地分配社员的共同劳动的成果。	逐步将农民私人所有的土地转化为公有土地
《高级农业生产合作社示范章程》(1956 年)	法律	第 2 条：农业生产合作社按照社会主义的原则，把社员私有的主要生产资料转为合作社集体所有，组织集体劳动，实行"各尽所能，按劳取酬"，不分男女老少，同工同酬。 第 13 条：入社的农民必须把私有的土地和耕畜、大型农具等主要生产资料转为合作社集体所有。……	

这一阶段处于新中国成立初期，为了恢复社会生产和维护国家、社会的稳定秩序，党和国家通过农村土地改革将土地分给农民。1950 年《土地改革法》在立法中正式确立了包括宅基地在内的农村土地所有权的农民土地所有制，农民的土地所有权得到法律的保护。这种土地权利是充分和全

面的，农民享有完全的宅基地所有权和处分权；农民的房屋地基的自由流动是没有任何制度性障碍的，农民可以根据自己意愿完全不受任何政府限制地进行宅基地的买卖、租赁、继承等行为。不过，综观这一时期的立法，"宅基地"这一表述尚未成为专门的法律术语，立法主要以"农民的房屋""住地""房屋地基"这样的术语来表达。而且有关宅基地的立法也没有专门的条款，只是土地立法中的一个部分而已。宅基地制度在这一阶段显然并非立法关注的重点所在。

土地改革后，重新出现了农民丧失土地以及小农经济分化等问题，农业合作化成为新时期的选择。从五四《宪法》中就可以看出关于土地制度的社会主义公有制的发展方向。刘少奇同志在中华人民共和国第一届全国人民代表大会上所作的《关于中华人民共和国宪法草案的报告》中就指出，"在逐步过渡上社会主义的过程中，农民是要起变化的，这种变化现在已经开始了，从个体经济生活不稳定的个体农民逐步变化为社会主义合作化的农民。只有工人阶级领导农民走合作化的道路，才能不断地改善农民的生活状况，才能使工农联盟更加密切和更加巩固"❶。"细细研读五四《宪法》，其不仅暗示所有权权利按照所有制而有等级差别，而且暗示这种等级标准背后的意识形态将以消除个体劳动者所有制和资本家所有制为目标。"❷ 在从农业合作社的诞生到从初级合作社向高级合作社过渡的过程中，土地私有制也逐渐向公有制过渡。国家对农村土地的权利尤其是交易的权利开始限制。❸ 只是，作为农民基本居住保障的宅基地直至 1962 年《高级农业生产合作社示范章程》中都明确表示"农民的房屋地基不要入社"。但实践中一些地方合作社也提出将农民的房基入社的规定。❹ "一平二调"的特殊分配方式也使得农民的宅基地和房屋所有权等无法得到保障，即使宅基地不需要入社，但处分权能也受到地方政府的审批限制。

---

❶　刘少奇：《关于中华人民共和国宪法草案的报告》，《人民日报》1954 年 9 月 16 日，第 1 版。
❷　薛小建：《宪法中的土地制度之比较研究》，《法律适用》2007 年第 12 期。
❸　这首先体现在 1955 年《关于农村土地的移转及契税工作的通知》中。
❹　如《嵖岈山卫星人民公社试行简章（草案）》中规定："在已经基本上实现了生产资料公有化的基础上，社员转入公社，应该交出全部自留地，并且将私有的房基、牲畜、林木等生产资料转为全社公有……"

二、宅基地"两权分离"后的政策主导与内容更迭

宅基地"两权分离"制度的时间跨度近半个世纪。从制度初建到改革开放以后的不断调整再到城乡统筹管理,在宅基地所有权和使用权分离的大前提下,宅基地使用权的内容不断适应社会发展的需求进行了大量调整。1962 年《农村人民公社工作条例(修正草案)》以党内法规的形式第一次采用"宅基地使用权"概念,宅基地所有权和使用权开始分属不同主体。1963 年《中共中央关于各地对社员宅基地问题作一些补充规定的通知》进一步细化了农村宅基地相关制度,确立了宅基地的取得制度,明确了宅基地无偿使用和长期使用的福利性特征,完全禁止宅基地的流转,宅基地上的房屋可以自由买卖和租赁。改革开放带动了城乡经济的快速发展,建设用地的需求造成了大量耕地的流失。1981 年《国务院关于制止农村建房侵占耕地的紧急通知》和 1982 年《村镇建房用地管理条例》以行政法规的形式对农村宅基地的审批、使用和流转等问题作出规定。1982 年《宪法》以根本法的形式对宅基地集体所有和禁止流转作出了明确规定,为宅基地"两权分离"制定奠定了基调。但此后政策性规范较多,立法明显不足。不管是立法还是政策,这一阶段的农村宅基地制度采取的是"宅地集体所有农民使用"和房地分离的"一宅两制"模式,并且立法确认了宅基地原始取得的无偿性以及使用的无期限性特点,将宅基地使用的福利性特征予以强化。(见表 2)

表 2　宅基地"两权分离"的制度性规定

立　法	效力位阶	内　容	评　价
《农村人民公社工作条例(修正草案)》(1962 年)	党内法规制度	二十一、生产队范围内的土地,都归生产队所有。生产队所有的土地,包括社员的自留地、自留山、宅基地等等,一律不准出租和买卖。	采取"宅地二制"模式,区分宅地和房屋的所有权,宅地所有权归生产队,房屋所有权归农民自己,房屋可以自由流转,但是宅地使用权则禁止流转

立　法	效力位阶	内　容	评　价
《中共中央关于各地对社员宅基地问题作一些补充规定的通知》（1963 年）	党内法规制度	一、社员的宅基地，包括有建筑物和没有建筑物的空白宅基地，都归生产队集体所有，一律不准出租和买卖。但仍归各户长期使用，长期不变，生产队应保护社员的使用权，不能想收就收，想调剂就调剂。 二、宅基地上的附着物，如房屋、树木、厂棚、猪圈、厕所等永远归社员所有，社员有买卖或租赁房屋的权利。房屋出卖以后，宅基地的使用权即随之转移给新房主，但宅基地的所有权仍归生产队所有。 三、社员需新建房又没有宅基地时，由本户申请，经社员大会讨论同意，由生产队统一规划，帮助解决，但尽可能利用一些闲散地，不占用耕地，必须占用耕地时，应根据《六十条》规定，报县人民委员会批准，社员新建住宅占地无论是否耕地，一律不收地价。 四、社员不能借口修建房屋，随便扩大墙院子，扩大宅基地，来侵占集体耕地，已经扩大侵占的必须退出。	采取"宅地二制"模式，区分宅地和房屋的所有权，宅地所有权归生产队，房屋所有权归农民自己，房屋可以自由流转，但是宅地使用权则禁止流转
《宪法》（1975 年）	法律	第 5 条：中华人民共和国的生产资料所有制现阶段主要有两种：社会主义全民所有制和社会主义劳动群众集体所有制…… 第 7 条：……在保证人民公社集体经济的发展和占绝对优势的条件下，人民公社社员可以经营少量的自留地和家庭副业，牧区社员可以有少量的自留畜。	没有直接涉及土地产权的条款，规定了国家所有制的两种形式，借助强化农村人民公社体制进而强化农村土地集体所有制并实现宪法化

立 法	效力位阶	内 容	评 价
《宪法》(1978 年)	法律	第 5 条：中华人民共和国的生产资料所有制现阶段主要有两种：社会主义全民所有制和社会主义劳动群众集体所有制…… 第 7 条：……在保证人民公社集体经济占绝对优势的条件下，人民公社社员可以经营少量的自留地和家庭副业，在牧区还可以有少量的自留畜。	没有直接涉及土地产权的条款，规定了国家所有制的两种形式，借助强化农村人民公社体制进而强化农村土地集体所有制并实现宪法化
《农村人民公社工作条例（试行草案）》(1978 年)	党内法规制度	第 7 条：……农村土地包括宅基地一律不准出租和买卖。	涉及宅基地使用管理问题的规定，基本上是对"六十条"的延续和继承，其文本解释的基本含义与"六十条"并无显著不同
《国务院关于制止农村建房侵占耕地的紧急通知》(1981 年)	国务院规范性文件	二、农村建房用地，必须统一规划，合理布局，节约用地。农村社队要因地制宜，搞好建房规划，充分利用山坡、荒地和闲置宅基地，尽量不占用耕地。为了节约用地，要因地制宜选择适当的建筑形式，在山区建房要依山就势，黄土高原可提倡修建窑洞，在大城市郊区和人多地少的地区应提倡盖点楼房。有的社队受自然条件限制，确实需要动用耕地建房时，要经过批准。具体审批办法，由各地政府按实际情况制订。 三、必须重申，农村社队的土地都归集体所有。分配给社员的宅基地、自留地（自留山）和承包的耕地，社员只有使用权，既不准出租、买卖和擅自转让，也不准在承包地和自留地上建房、葬坟、开矿、烧砖瓦等。……	重申社员的宅基地使用权，强化宅基地禁止流转

立　　法	效力位阶	内　　容	评　　价
《村镇建房用地管理条例》（1982 年）	国务院规范性文件	第四条　农村人民公社、生产大队、生产队的土地，分别归公社、大队、生产队集体所有。社员对宅基地、自留地、自留山、饲料地和承包的土地，只有按照规定用途使用的使用权，没有所有权。…… 第十四条　农村社员，回乡落户的离休、退休、退职职工和军人，回乡定居的华侨，建房需要宅基地的，应向所在生产队申请，经社员大会讨论通过，生产大队核审同意，报公社管理委员会批准；确实需要占用耕地、园地的，必须报经县级人民政府批准。批准后，由批准机关发给宅基地使用证明。 第十五条　由于买卖房屋而转移宅基地使用权的，应按第十四条的规定办理申请、审查、批准手续。出卖、出租房屋的，不得再申请宅基地。社员迁居并拆除房屋后腾出的宅基地，由生产队收回，统一安排使用。	强化集体所有权；城镇居民可以在宅基地上建房；房屋可流转，流转后丧失宅基地使用权
《宪法》（1982 年）	法律	第十条　…… 农村和城市郊区的土地，除由法律规定属于国家所有的以外，属于集体所有；宅基地和自留地、自留山，也属于集体所有。	宪法层面明确确认宅基地集体所有权
《国家建设征用土地条例》（1982 年）	行政法规	第十条：为了妥善安排被征地单位的生产和群众生活，用地单位除付给补偿费外，还应当付给安置补助费。 …… 三、征用宅基地的，不付给安置补助费。	国家垄断集体所有土地的流转活动

立　法	效力位阶	内　容	评　价
《国务院关于制止买卖、租赁土地的通知》(1983 年)	国务院规范性文件	二、各地要对买卖、租赁土地等非法活动，进行一次认真的检查、清理。对干部，特别是领导干部带头违法和指使违法的典型案件，要严肃处理，决不能迁就姑息。对那些一贯利用买卖、租赁土地进行贪污、受贿、非法谋取暴利的犯法分子，要依法追究刑事责任。三、财政金融部门要发挥监督、管理的职能，有权拒绝收付买卖、租赁土地的资金，并向有关部门报告。	对非法买卖、租赁土地的行为坚决制止
《中华人民共和国民法通则》(以下简称《民法通则》)(1986 年)	法律	第七十四条　…… 集体所有的土地依照法律属于村农民集体所有，由村农业生产合作社等农业集体经济组织或者村民委员会经营、管理。已经属于乡（镇）农民集体经济组织所有的，可以属于乡（镇）农民集体所有。	宅基地的所有权主体
《中华人民共和国土地管理法》(以下简称《土地管理法》)(1986 年)	法律	第六条　城市市区的土地属于全民所有即国家所有。农村和城市郊区的土地，除法律规定属于国家所有的以外，属于集体所有；宅基地和自留地、自留山，属于集体所有。第三十八条　农村居民建住宅，应当使用原有的宅基地和村内空闲地。使用耕地的，经乡级人民政府审核后，报县级人民政府批准；使用原有的宅基地、村内空闲地和其他土地的，由乡级人民政府批准。农村居民建住宅使用土地，不得超过省、自治区、直辖市规定的标准。出卖、出租住房后再申请宅基地的，不予批准。	农民宅基地使用权优先，城镇居民可以享有宅基地使用权；禁止宅基地使用权流转

12

立 法	效力位阶	内 容	评 价
《土地管理法》(1986 年)	法律	第四十一条 城镇非农业户口居民建住宅,需要使用集体所有的土地的,必须经县级人民政府批准,其用地面积不得超过省、自治区、直辖市规定的标准,并参照国家建设征用土地的标准支付补偿费和安置补助费。 第四十五条 农村居民未经批准或者采取欺骗手段骗取批准,非法占用土地建住宅的,责令退还非法占用的土地,限期拆除或者没收在非法占用的土地上新建的房屋。 第四十六条 城镇非农业户口居民未经批准或者采取欺骗手段骗取批准,非法占用土地建住宅的,责令退还非法占用的土地,限期拆除或者没收在非法占用的土地上新建的房屋。 国家工作人员利用职权,未经批准或者采取欺骗手段骗取批准,非法占用土地建住宅的,责令退还非法占用的土地,限期拆除或者没收在非法占用的土地上新建的房屋,并由其所在单位或者上级机关给予行政处分。	农民宅基地使用权优先,城镇居民可以享有宅基地使用权; 禁止宅基地使用权流转
《土地管理法》(1998 年)	法律	第八条 城市市区的土地属于国家所有。 农村和城市郊区的土地,除由法律规定属于国家所有的以外,属于农民集体所有;宅基地和自留地、自留山,属于农民集体所有。 第六十二条 农村村民一户只能拥有一处宅基地,其宅基地的面积不得超过省、自治区、直辖市规定的标准。 农村村民建住宅,应当符合乡(镇)土地利用总体规划,并尽量使用原有的宅基地和村内空闲地。	比 1986 年规定更为详细:规定了一户一宅、面积限定、严格规划审批回收制度;删除城镇居民使用宅基地的规定

立 法	效力位阶	内 容	评 价
《土地管理法》(1998 年)	法律	农村村民住宅用地,经乡(镇)人民政府审核,由县级人民政府批准;其中,涉及占用农用地的,依照本法第四十四条的规定办理审批手续。 农村村民出卖、出租住房后,再申请宅基地的,不予批准。	比 1986 年规定更为详细:规定了一户一宅、面积限定、严格规划审批回收制度;删除城镇居民使用宅基地的规定
《宪法》(1988 年版,1993 年版,2004 年版)	法律	1988 年版第十条 …… 任何组织或者个人不得侵占、买卖或者以其他形式非法转让土地。土地的使用权可以依照法律的规定转让。 1993 年版第十条 …… 国家为了公共利益的需要,可以依照法律规定对土地实行征用。 任何组织或者个人不得侵占、买卖、出租或者以其他形式非法转让土地。 一切使用土地的组织和个人必须合理利用土地。 2004 年版第十条 …… 国家为了公共利益的需要,可以依照法律规定对土地实行征收或者征用并给予补偿。 任何组织或者个人不得侵占、买卖或者以其他形式非法转让土地。土地使用权可以依照法律的规定转让。 一切使用土地的组织和个人必须合理地利用土地。	土地使用权可以依法转让,但宅基地使用权的转让没有相关的法律规定
《中华人民共和国担保法》(以下简称《担保法》)(1995 年)	法律	第三十七条 下列财产不得抵押: (一)土地所有权; (二)耕地、宅基地、自留地、自留山等集体所有的土地使用权,但本法第三十四条第(五)项、第三十六条第三款规定的除外; ……	宅基地使用权不得抵押

立　法	效力位阶	内　容	评　价
国家土地管理局《确定土地所有权和使用权的若干规定》（1995年）	部门规范性文件	第四十五条　一九八二年二月国务院发布《村镇建房用地管理条例》之前农村居民建房占用的宅基地，超过当地政府规定的面积，在《村镇建房用地管理条例》施行后未经拆迁、改建、翻建的，可以暂按现有实际使用面积确定集体土地建设用地使用权。 第四十六条　一九八二年二月《村镇建房用地管理条例》发布时起至一九八七年一月《土地管理法》开始施行时止，农村居民建房占用的宅基地，其面积超过当地政府规定标准的，超过部分按一九八六年三月中共中央、国务院《关于加强土地管理、制止乱占耕地的通知》及地方人民政府的有关规定处理后，按处理后实际使用面积确定集体土地建设用地使用权。 第四十七条　符合当地政府分户建房规定而尚未分户的农村居民，其现有的宅基地没有超过分户建房用地合计面积标准的，可按现有宅基地面积确定集体土地建设用地使用权。 第四十八条　非农业户口居民（含华侨）原在农村的宅基地，房屋产权没有变化的，可依法确定其集体土地建设用地使用权。房屋拆除后没有批准重建的，土地使用权由集体收回。 第四十九条　接受转让、购买房屋取得的宅基地，与原有宅基地合计面积超过当地政府规定标准，按照有关规定处理后允许继续使用的，可暂确定其集体土地建设用地使用权。继承房屋取得的宅基地，可确定集体土地建设用地使用权。	事实上承认了宅基地使用权的可流转性

立　法	效力位阶	内　容	评　价
国家土地管理局《确定土地所有权和使用权的若干规定》（1995 年）	部门规范性文件	第五十条　农村专业户宅基地以外的非农业建设用地与宅基地分别确定集体土地建设用地使用权。 第五十一条　按照本规定第四十五条至第四十九条的规定确定农村居民宅基地集体土地建设用地使用权时，其面积超过当地政府规定标准的，可在土地登记卡和土地证书内注明超过标准面积的数量。以后分户建房或现有房屋拆迁、改建、翻建或政府依法实施规划重新建设时，按当地政府规定的面积标准重新确定使用权，其超过部分退还集体。 第五十二条　空闲或房屋坍塌、拆除两年以上未恢复使用的宅基地，不确定土地使用权。已经确定使用权的，由集体报经县级人民政府批准，注销其土地登记，土地由集体收回。	事实上承认了宅基地使用权的可流转性
《土地管理法》（1998 年）	法律	第八条　城市市区的土地属于国家所有。 农村和城市郊区的土地，除由法律规定属于国家所有的以外，属于农民集体所有；宅基地和自留地、自留山，属于农民集体所有。 第六十二条　农村村民一户只能拥有一处宅基地，其宅基地的面积不得超过省、自治区、直辖市规定的标准。 农村村民建住宅，应当符合乡（镇）土地利用总体规划，并尽量使用原有的宅基地和村内空闲地。 农村村民住宅用地，经乡（镇）人民政府审核，由县级人民政府批准；其中，涉及占用农用地的，依照本法第四十四条的规定办理审批手续。 农村村民出卖、出租住房后，再申请宅基地的，不予批准。	允许农民对宅基地上的建筑进行流转，流转后丧失宅基地使用权

16

立　法	效力位阶	内　容	评　价
《国务院办公厅关于加强土地转让管理严禁炒卖土地的通知》（1999 年）	国务院规范性文件	二、加强对农民集体土地的转让管理，严禁非法占用农民集体土地进行房地产开发 农民集体土地使用权不得出让、转让或出租用于非农业建设；对符合规划并依法取得建设用地使用权的乡镇企业，因发生破产、兼并等致使土地使用权必须转移的，应当严格依法办理审批手续。 农民的住宅不得向城市居民出售，也不得批准城市居民占用农民集体土地建住宅，有关部门不得为违法建造和购买的住宅发放土地使用证和房产证。 要对未经审批擅自将农民集体土地变为建设用地的情况进行认真清理。凡不符合土地利用总体规划的，要限期恢复农业用途，退还原农民集体土地承包者；符合土地利用总体规划的，必须依法重新办理用地手续。	禁止宅基地及地上附着物向城市流转
《国务院关于深化改革严格土地管理的决定》（2004 年）	国务院规范性文件	二（十）……鼓励农村建设用地整理，城镇建设用地增加要与农村建设用地减少相挂钩。农村集体建设用地，必须符合土地利用总体规划、村庄和集镇规划，并纳入土地利用年度计划，凡占用农用地的必须依法办理审批手续。禁止擅自通过"村改居"等方式将农民集体所有土地转为国有土地。禁止农村集体经济组织非法出让、出租集体土地用于非农业建设。改革和完善宅基地审批制度，加强农村宅基地管理，禁止城镇居民在农村购置宅基地。引导新办乡村工业向建制镇和规划确定的小城镇集中。在符合规划的前提下，村庄、集镇、建制镇中的农民集体所有建设用地使用权可以依法流转。	加强对宅基地管理，禁止城镇居民宅基地使用权，符合规划的前提下集体建设用地以流转

立　法	效力位阶	内　容	评　价
国土资源部《关于加强农村宅基地管理的意见》(2004 年)	国务院规范性文件	二、…… （四）改革和完善农村宅基地审批管理办法。各省（区、市）要适应农民住宅建设的特点，按照严格管理，提高效率，便民利民的原则，改革农村村民建住宅占用农用地的审批办法。各县（市）可根据省（区、市）下达的农村宅基地占用农用地的计划指标和农村村民住宅建设的实际需要，于每年年初一次性向省（区、市）或设区的市、自治州申请办理农用地转用审批手续，经依法批准后由县（市）按户逐宗批准供应宅基地。 对农村村民住宅建设利用村内空闲地、老宅基地和未利用土地的，由村、乡（镇）逐级审核，批量报县（市）批准后，由乡（镇）逐宗落实到户。 （五）严格宅基地申请条件。坚决贯彻"一户一宅"的法律规定。农村村民一户只能拥有一处宅基地，面积不得超过省（区、市）规定的标准。各地应结合本地实际，制定统一的农村宅基地面积标准和宅基地申请条件。不符合申请条件的不得批准宅基地。农村村民将原有住房出卖、出租或赠与他人后，再申请宅基地的，不得批准。 （六）规范农村宅基地申请报批程序。农村村民建住宅需要使用宅基地的，应向本集体经济组织提出申请，并在本集体经济组织或村民小组张榜公布。公布期满无异议的，报经乡（镇）审核后，报县（市）审批。经依法批准的宅基地，农村集体经济组织或村民小组应及时将审批结果张榜公布。	加强农村宅基地用地计划管理；改革和完善宅基地审批制度，规范审批程序

18

立 法	效力位阶	内 容	评 价
国土资源部《关于加强农村宅基地管理的意见》(2004年)	国务院规范性文件	各地要规范审批行为,健全公开办事制度,提供优质服务。县(市)、乡(镇)要将宅基地申请条件、申报审批程序、审批工作时限、审批权限等相关规定和年度用地计划向社会公告。 (七)健全宅基地管理制度。在宅基地审批过程中,乡(镇)国土资源管理所要做到"三到场"。即:受理宅基地申请后,要到实地审查申请人是否符合条件、拟用地是否符合规划等;宅基地经依法批准后,要到实地丈量批放宅基地;村民住宅建成后,要到实地检查是否按照批准的面积和要求使用土地。各地一律不得在宅基地审批中向农民收取新增建设用地土地有偿使用费。 (八)加强农村宅基地登记发证工作。市、县国土资源管理部门要加快农村宅基地土地登记发证工作,做到宅基地土地登记发证到户,内容规范清楚,切实维护农民的合法权益。要加强农村宅基地的变更登记工作,变更一宗,登记一宗,充分发挥地籍档案资料在宅基地监督管理上的作用,切实保障"一户一宅"法律制度的落实。要依法、及时调处宅基地权属争议,维护社会稳定。 三、积极推进农村建设用地整理,促进土地集约利用 ……	加强农村宅基地用地计划管理;改革和完善宅基地审批制度,规范审批程序

19

立 法	效力位阶	内 容	评 价
国土资源部《关于加强农村宅基地管理的意见》(2004年)	国务院规范性文件	(十)加大盘活存量建设用地力度。各地要因地制宜地组织开展"空心村"和闲置宅基地、空置住宅、"一户多宅"的调查清理工作。制定消化利用的规划、计划和政策措施，加大盘活存量建设用地的力度。农村村民新建、改建、扩建住宅，要充分利用村内空闲地、老宅基地以及荒坡地、废弃地。凡村内有空闲地、老宅基地未利用的，不得批准占用耕地。利用村内空闲地、老宅基地建住宅的，也必须符合规划。对"一户多宅"和空置住宅，各地要制定激励措施，鼓励农民腾退多余宅基地。凡新建住宅后应退出旧宅基地的，要采取签订合同等措施，确保按期拆除旧房，交出旧宅基地。 (十一)加大对农村建设用地整理的投入。对农民宅基地占用的耕地，县(市)、乡(镇)应组织村集体经济组织或村民小组进行补充。省(区、市)及市、县应从用于农业土地开发的土地出让金、新增建设用地土地有偿使用费、耕地开垦费中拿出部分资金，用于增加耕地面积的农村建设用地整理，确保耕地面积不减少。 四、加强法制宣传教育，严格执法 …… (十三)严格日常监管制度。各地要进一步健全和完善动态巡查制度，切实加强农村村民住宅建设用地的日常监管，及时发现和制止各类土地违法行为。要重点加强城乡结合部地区农村宅基地的监督管理。严禁城镇居民在农村购置宅基地，严禁为城镇居民在农村购买和违法建造的住宅发放土地使用证。	加强农村宅基地用地计划管理；改革和完善宅基地审批制度，规范审批程序

立　法	效力位阶	内　容	评　价
国土资源部《关于加强农村宅基地管理的意见》(2004年)	国务院规范性文件	要强化乡（镇）国土资源管理机构和职能，充分发挥乡（镇）国土资源管理所在宅基地管理中的作用。积极探索防范土地违法行为的有效措施，充分发挥社会公众的监督作用。对严重违法行为，要公开曝光，用典型案例教育群众。	加强农村宅基地用地计划管理；改革和完善宅基地审批制度，规范审批程序
《国务院关于深化改革严格土地管理的决定》(2004年)	国务院规范性文件	二、（十）加强村镇建设用地的管理。要按照控制总量、合理布局、节约用地、保护耕地的原则，编制乡（镇）土地利用总体规划、村庄和集镇规划，明确小城镇和农村居民点的数量、布局和规模。鼓励农村建设用地整理，城镇建设用地增加要与农村建设用地减少相挂钩。农村集体建设用地，必须符合土地利用总体规划、村庄和集镇规划，并纳入土地利用年度计划，凡占用农用地的必须依法办理审批手续。禁止擅自通过"村改居"等方式将农民集体所有土地转为国有土地。……改革和完善宅基地审批制度，加强农村宅基地管理，禁止城镇居民在农村购置宅基地。引导新办乡村工业向建制镇和规划确定的小城镇集中。在符合规划的前提下，村庄、集镇、建制镇中的农民集体所有建设用地使用权可以依法流转。	合理利用宅基地；改革完善审批制度；禁止城镇居民宅基地使用权；在符合规划前提下，建设用地使用权可以依法流转

立 法	效力位阶	内 容	评 价
国土资源部《城乡建设用地增减挂钩试点管理办法》(2008 年)	部门规范性文件	第七条 挂钩试点市、县应当开展专项调查,查清试点地区土地利用现状、权属、等级,分析试点地区农村建设用地整理复垦潜力和城镇建设用地需求,了解当地群众的生产生活条件和建新拆旧意愿。 第九条 挂钩试点县(区、市)应依据专项调查和挂钩试点专项规划,编制项目区实施规划,统筹确定城镇建设用地增加和农村建设用地撤并的规模、范围和布局,合理安排建新区城镇村建设用地的比例,优先保证被拆迁农民安置和农村公共设施建设用地,并为当地农村集体经济发展预留空间。 项目区实施规划内容主要包括农村建设用地整理复垦潜力分析,项目区规模与范围,土地利用结构调整等情况;项目区实施时序,周转指标规模及使用、归还计划;拆旧区整理复垦和安置补偿方案;资金预算与筹措等,以及项目区土地利用现状图和项目区实施规划图。	城乡建设用地统筹
《中华人民共和国物权法》(以下简称《物权法》)(2007 年)	法律	第一百五十二条 宅基地使用权人依法对集体所有的土地享有占有和使用的权利,有权依法利用该土地建造住宅及其附属设施。 第一百五十三条 宅基地使用权的取得、行使和转让,适用土地管理法等法律和国家有关规定。 第一百五十四条 宅基地因自然灾害等原因灭失的,宅基地使用权消灭。对失去宅基地的村民,应当重新分配宅基地。	首次以法律形式明确宅基地使用权的私权属性; 强调社会保障功能; 禁止流转宅基地使用权

续表

立　法	效力位阶	内　容	评　价
《物权法》(2007 年)	法律	第一百五十五条　已经登记的宅基地使用权转让或者消灭的,应当及时办理变更登记或者注销登记。 第一百六十二条　地所有权人享有地役权或者负担地役权的,设立土地承包经营权、宅基地使用权时,该土地承包经营权人、宅基地使用权人继续享有或者负担已设立的地役权。 第一百六十三条　土地上已设立土地承包经营权、建设用地使用权、宅基地使用权等权利的,未经用益物权人同意,土地所有权人不得设立地役权。 第一百八十四条　下列财产不得抵押: (二)耕地、宅基地、自留地、自留山等集体所有的土地使用权,但法律规定可以抵押的除外;……	首次以法律形式明确宅基地使用权的私权属性; 强调社会保障功能; 禁止流转宅基地使用权
《国务院办公厅关于严格执行有关农村集体建设用地法律和政策的通知》(2007 年)	国务院规范性文件	一、严格执行土地用途管制制度 土地利用涉及全民族的根本利益,必须服从国家的统一管理。我国人多地少,为保证经济社会可持续发展,必须实行最严格的土地管理制度。…… 二、严格规范使用农民集体所有土地进行建设 当前一些地方在使用农民集体所有土地进行建设的过程中,擅自扩大农民集体所有土地的使用范围,违法提供建设用地的问题比较严重。…… 三、严格控制农村集体建设用地规模 一些地方借农民集体所有建设用地使用权流转、土地整理折抵和城乡建设用地增减挂钩等名义,擅自扩大建设用地的规模。……	违反土地利用总体规划和不依法经过批准改变土地用途都是违法行为。任何涉及土地管理制度的试验和探索,都不能违反国家的土地用途管制制度。地方各级人民政府既要加强土地征收或征用管理,更要重点加强土地用途管制

立 法	效力位阶	内 容	评 价
《中共中央、国务院关于切实加强农业基础建设进一步促进农业发展农民增收的若干意见》(2008 年"中央一号文件")	党内法规制度	六、(二)切实保障农民土地权益。……严格农村集体建设用地管理,严禁通过"以租代征"等方式提供建设用地。城镇居民不得到农村购买宅基地、农民住宅或"小产权房"。开展城镇建设用地增加与农村建设用地减少挂钩的试点,必须严格控制在国家批准的范围之内。依法规范农民宅基地整理工作。	集体建设用地的规范化使用;禁止城镇居民宅基地使用权
《国土资源部关于促进农业稳定发展农民持续增收推动城乡统筹发展的若干意见》(2009 年)	部门规范性文件	五、严格宅基地管理,依法保障宅基地用益物权,促进集约节约利用农村土地 (十三)科学规划宅基地,促进新农村建设合理布局。按照统筹城乡建设用地和控制总量、合理布局、节约用地、保护耕地的总要求,严格划定农村居民点扩展边界,合理确定宅基地数量、布局和用地规模,创造条件,编制好村级土地利用规划,引导农民住宅相对集中建设,促进自然村落适度撤并。各市、县国土资源管理部门要在省级下达的农村建设用地指标中,单列宅基地指标,保障农村居民住宅建设用地。农民新建住宅应优先利用村内空闲地、闲置宅基地和未利用地,村内有空闲地的,不再增加新增宅基地规模。 (十四)抓紧修订现有宅基地使用标准,促进土地集约利用。各地要遵循工业化、城镇化进程中的客观规律,按照节约集约用地原则,根据城乡不同的地域特点,区分不同住宅类型,抓紧修订现有的宅基地面积标准,建立和完善农村人均用地标准,控制宅基地和村庄建设用地规模。各省(区、市)国土资源管理部门修订标准涉及修改地方性法规和政府规章的,要按法定程序及时提交立法机关审议。	宅基地确权登记;统一土地市场建设

立　法	效力位阶	内　容	评　价
《国土资源部关于促进农业稳定发展农民持续增收推动城乡统筹发展的若干意见》（2009 年）	部门规范性文件	（十五）强化自我约束，探索宅基地集约节约利用新机制。各地要积极探索在集体经济组织内建立宅基地有偿使用制度，强化内部约束机制，促进宅基地公平分配，提高宅基地利用率。引导集体经济组织在充分尊重农民意愿的前提下，用经济手段调节宅基地的分配使用，规范农村宅基地特别是闲置宅基地的合理利用，促进解决现有宅基地集约利用和超标问题。对"一户多宅"、超标准占地依法应退出而不能退出的，积极探索由集体经济组织实行有偿使用，形成超标宅基地逐步退出机制。 （十六）改革完善宅基地审批制度，简化审批手续。各地要适应农民住宅建设的特点，按照严格管理、公开高效、便民利民的原则，改革宅基地审批办法。在村或村民小组内部建立和完善宅基地"两图一表"制度，即按照宅基地现状图、宅基地审批控制图和宅基地安排计划表，在村民公开监督下，公示宅基地申请和审批结果，公平分配宅基地。村民住宅建设利用未利用地的，经村、乡（镇）逐级审核，批量报县（市）政府批准；涉及占用农用地的（基本农田除外），由各县（市）按当年总量，每年分若干批次向上级人民政府申请办理农用地转用手续，由省（区、市）或设区的市、自治州政府批准。各县（市）国土资源管理部门要规范宅基地审批办法，定期开展抽查。按年度将宅基地审批落实情况报省（市、区）国土资源管理部门备案，强化监督管理。	宅基地确权登记；统一土地市场建设

续表

立　法	效力位阶	内　容	评　价
《国务院关于严格规范城乡建设用地增减挂钩试点切实做好农村土地整治工作的通知》（2010 年）	国务院规范性文件	一、（三）……整治腾出的农村建设用地，首先要复垦为耕地，在优先满足农村各种发展建设用地后，经批准将节约的指标少量调剂给城镇使用的，其土地增值收益必须及时全部返还农村，切实做到农民自愿、农民参与、农民满意。	城乡建设用地统筹
国土环境资源厅《关于加快推进农村集体土地确权登记发证工作的通知》（2011 年）	部门规范性文件	二、切实加快农村集体土地确权登记发证工作，强化成果应用 各地要认真落实中央 1 号文件精神，加快农村集体土地所有权、宅基地使用权、集体建设用地使用权等确权登记发证工作，力争到 2012 年底把全国范围内的农村集体土地所有权证确认到每个具有所有权的集体经济组织，做到农村集体土地确权登记发证全覆盖。…… （三）加强争议调处。要及时调处土地权属争议，建立土地权属争议调处信息库，及时掌握集体土地所有权、宅基地使用权和集体建设用地使用权权属争议动态，有效化解争议，为确权创造条件。 （六）强化证书应用。实行凭证管地用地制度。土地权利证书要发放到权利人手中，严禁以统一保管等名义扣留、延缓发放土地权利证书。……对新农村建设和农村建设用地整治涉及宅基地调整的，必须以确权登记发证为前提。	确权登记； 建立土地权属争议调处； 宅基地流转必须以确权登记发证为前提

立 法	效力位阶	内 容	评 价
《中共中央、国务院关于加大统筹城乡发展力度进一步夯实农业农村发展基础的若干意见》（2010年"中央一号文件"）	党内法规制度	四、协调推进城乡改革，增强农业农村发展活力 19. 有序推进农村土地管理制度改革。……加快农村集体土地所有权、宅基地使用权、集体建设用地使用权等确权登记颁证工作，工作经费纳入财政预算。……	加快土地管理改革以及确权登记颁证工作，维护农民权益
《中共中央、国务院关于加快发展现代农业进一步增强农村发展活力的若干意见》（2013年）	党内法规制度	五、改革农村集体产权制度，有效保障农民财产权利 1. 全面开展农村土地确权登记颁证工作。……加快包括农村宅基地在内的农村集体土地所有权和建设用地使用权地籍调查，尽快完成确权登记颁证工作。 2. ……改革和完善农村宅基地制度，加强管理，依法保障农户宅基地使用权。依法推进农村土地综合整治，严格规范城乡建设用地增减挂钩试点和集体经营性建设用地流转。农村集体非经营性建设用地不得进入市场。	改革完善宅基地制度。加强管理宅基地使用权； 宅基地不得进入市场流转
《中共中央关于全面深化改革若干重大问题的决定》（2013年）	党内法规制度	六（21）……保障农户宅基地用益物权，改革完善农村宅基地制度，选择若干试点，慎重稳妥推进农民住房财产权抵押、担保、转让，探索农民增加财产性收入渠道。	
中共中央、国务院印发《关于全面深化农村改革加快推进农业现代化的若干意见》（2014年）	党内法规制度	四、19. 完善农村宅基地管理制度。改革农村宅基地制度，完善农村宅基地分配政策，在保障农户宅基地用益物权前提下，选择若干试点，慎重稳妥推进农民住房财产权抵押、担保、转让。有关部门要抓紧提出具体试点方案，各地不得自行其是、抢跑越线。……加快包括农村宅基地在内的农村地籍调查和农村集体建设用地使用权确权登记颁证工作。	强调宅基地使用权的用益物权属性； 探索"宅地分离"的流转制度

立　法	效力位阶	内　容	评　价
中共中央、国务院《关于加大改革创新力度加快农业现代化建设的若干意见》（2015 年）	党内法规制度	四、23. 分类实施……宅基地制度改革试点……建立健全市场交易规则和服务监管机制。依法保障农民宅基地权益，改革农民住宅用地取得方式，探索农民住房保障的新机制。	
中共中央、国务院《关于落实发展新理念加快农业现代化实现全面小康目标的若干意见》（2015 年）	党内法规制度	五、26. 深化农村集体产权制度改革。 到 2020 年基本完成土地等农村集体资源性资产确权登记颁证、经营性资产折股量化到本集体经济组织成员，健全非经营性资产集体统一运营管理机制。……继续扩大农村承包地确权登记颁证整省推进试点。……研究制定稳定和完善农村基本经营制度的指导意见。加快推进房地一体的农村集体建设用地和宅基地使用权确权登记颁证，所需工作经费纳入地方财政预算。推进农村土地征收、集体经营性建设用地入市、宅基地制度改革试点。完善宅基地权益保障和取得方式，探索农民住房保障新机制。……完善和拓展城乡建设用地增减挂钩试点，将指标交易收益用于改善农民生产生活条件。	完善宅基地权益保障和取得方式，探索农民住房保障新机制；深化宅基地制度改革方向
《中共中央、国务院关于深入推进农业供给侧结构性改革　加快培育农业农村发展新动能的若干意见》（2017 年"中央一号文件"）	党内法规制度	六、30. 深化农村集体产权制度改革。……统筹协调推进农村土地征收、集体经营性建设用地入市、宅基地制度改革试点。全面加快"房地一体"的农村宅基地和集体建设用地确权登记颁证工作。认真总结农村宅基地制度改革试点经验，在充分保障农户宅基地用益物权、防止外部资本侵占控制的前提下，落实宅基地集体所有权，维护农户依法取得的宅基地占有和使用权，探索农村集体组织以出租、合作等方式盘活利用空闲农房及宅基地，增加农民财产性收入。	

　　综观这一阶段的宅基地制度规范，宅基地"两权分离"的制度建设主要表现出如下特点。

　　第一，农村宅基地立法滞后，主要依靠政策调整和规范。整体而言，宅基地"两权分离"的模式到 1978 年才以根本法的形式予以确认。此后，国家关于宅基地使用的相关制度在《土地管理法》《物权法》《担保法》《民法通则》《中华人民共和国土地管理法实施条例》（以下简称《民法通则》）等立法中体现；但更多的立法主要是地方政府规章，甚至只是县（市）等非立法主体制定的规范性文件。"两权分离"模式下宅基地使用的具体内容在党内法规制度、国务院规范性文件、国务院部门（原国土资源部、财政部、住房和城乡建设部、农业农村部等）规范性文件，以及最高人民法院司法解释性质的文件中体现得较多。❶ 国务院及国务院办公厅的"批转、回复、通知、意见"等针对具体问题的回应和"中央一号文件"等成为学界研究和实务界处理宅基地问题的重要依据。可以说，这一阶段我国宅基地制度立法较为滞后。规范法源中多是框架性的规定，而直接调整主要依赖非规范法源。学者认为："改革以前，农民与土地的关系一直

---

　　❶　党内法规制度如 1963 年《中共中央关于各地对社员宅基地问题作一些补充规定的通知》，1982 年《中共中央办公厅、国务院办公厅转发书记处农村政策研究室城乡建设环境保护部〈关于切实解决滥占耕地建房问题的报告〉的通知》，2000 年《中共中央、国务院关于小城镇建设有关政策》，2005 年《中共中央、国务院关于推进社会主义新农村建设的若干意见》，2007 年《关于积极发展现代农业扎实推进社会主义新农村建设的若干意见》，2007 年《中共中央、国务院关于切实加强农业基础建设进一步促进农业发展农民增收的若干意见》，2013 年《中共中央关于全面深化改革若干重大问题的决定》以及历年"中央一号文件"等。国务院规范性文件如 1981 年《国务院关于制止农村实施建房侵占耕地的紧急通知》，1983 年《国务院关于制止买卖、租赁土地的通知》，1990 年《国务院批转国家土地管理局关于加强农村宅基地管理工作的请示的通知》，2004 年《国务院关于深化改革严格土地管理的决定》，2008 年《国务院关于促进节约集约用地的通知》等。国务院部门规范性文件如国家土地管理局 1989 年《关于确定土地权属问题的若干意见》，1995 年《确定土地所有权和使用权的若干规定》，1999 年《国务院办公厅关于加强土地转让管理严禁炒卖土地的通知》，2000 年《中共中央、国务院关于促进小城镇健康发展的若干意见》，2004 年国土资源部《关于加强农村宅基地管理的意见》，2007 年《国务院办公厅关于严格执行有关农村集体建设用地法律和政策的通知》，2008 年《国土资源部关于进一步加快宅基地使用权登记发证工作的通知》，2014 年国土资源部、财政部、住房和城乡建设部等《关于进一步加快推进宅基地和集体建设用地使用权确权登记发证工作的通知》，2016 年《国土资源部关于进一步加快宅基地和集体建设用地确权登记证有关问题的通知》等。司法解释如 1979 年最高人民法院《关于贯彻执行民事政策法律的意见》，1984 年最高人民法院《关于贯彻执行民事政策法律若干问题的意见》。

是一种极不稳定的关系……"❶ 土地制度在立法中难以稳定。事实上，中国用短短几十年的时间走西方国家百年城市化之路必然导致农村土地制度的不断探索和更迭。在这样的背景下，通过政策性文件及时应对和调整不失为一种权宜之计。而这在中国是行得通的，因为中国共产党的政策与社会主义的法律、法规等具有内在的一致性；它们都产生于社会主义社会的经济基础之上并体现广大人民的意志和要求，最终追求的价值目标亦是相同的。但是，由于政策频发、立法不足，以及效力层级低、各地规范内容不一等直接导致了理论和实务界的理解差异。❷

第二，制度内容更迭反复，难以促成有效的制度积累。这主要体现在宅基地使用主体和宅基地是否有偿使用的问题。首先，1982 年《国务院发布关于〈村镇建房用地管理条例〉的通知》中首次出现了允许离休、退休、退职的职工具有对农村宅基地的使用权；1986 年颁布的《土地管理法》再次规定了城镇非农业人口对宅基地的使用权，且从程序角度而言，1986 年的规定较 1982 年的规定更为简单。这就为非农村集体经济组织成员使用农村宅基地打开了制度之门。直到 1998 年《土地管理法》修改的时候才删除有关城镇居民使用宅基地的相关规定，并在 1999 年《国务院办公厅关于加强土地转让管理严禁炒卖土地的通知》中明确禁止宅基地上的住宅禁止向城市居民出售和禁止城市居民占用集体土地建造住宅。其次，1990 年《国务院批转国家土地管理局关于加强农村宅基地管理工作请示的通知》确立了宅基地有偿使用的试点，不过这一规定很快就被叫停。宅基地制度还是继续延用无偿使用的社会福利保障制度。1995 年国家土地管理局《确定土地所有权和使用权的若干规定》中第五十二条：空闲或房屋坍塌、拆除两年以上未恢复使用的宅基地，不确定土地使用权。已经确定使用权的，由集体报县级人民政府批准，注销其土地登记，土地由集体收回。……这一规定适应了当时国家工业化和城市化快速发展的大背景，大量农民进城务工导致农村宅基地闲置。所以，这一阶段的宅基地制度建设在不断适应国家和社会发展的需求，不断调整和变化的制度内容对构建

---

❶ 刘守英：《中国土地问题调查——土地权利的底层视角》，北京大学出版社 2017 年版，第 5 页。

❷ 马克敏：《论我国农民宅基地使用权制度及其完善》，《内江师范学院学报》2003 年第 5 期。

统一、连贯的制度体系无疑是不利的。同时,这也造成了宅基地制度的有效积累少,无法在短时间内构建起专门的立法。

不过,改革和发展的过程必然伴随着各种不确定性。制度的变革往往与社会的发展相适应。宅基地制度在这一时期为顺应社会的发展而不断变化,恰恰反映了我国在这一阶段的发展变革之快。从制度梳理的角度可以看出,进入 21 世纪后我国就逐步在探索城乡统筹的建设用地管理和规划,2008 年以后的政策文件以及党内法规制度和国务院规范性文件等也在不断强调对宅基地制度的改革方向,比如确权登记颁证、合理规划使用、探索房地分离的流转方式,以及农民宅基地取得方式等。这就表明我国农村宅基地制度建设即将进入一个新的变革阶段,原有的制度显然无法满足社会发展的需要。新制度的形成需要实践的不断积累和理论的重新证成。

三、宅基地"三权分置"的政策演进与立法回应

2015 年党中央《关于农村土地征收、集体经营性建设用地入市、宅基地制度改革试点工作的意见》开启了宅基地制度改革的新序幕。宅基地有偿使用、有偿退出以及流转等的试点实践为宅基地权利体系的重新配置提出了新要求。2018 年"中央一号文件"首次使用了宅基地"三权分置"的表述,此后相关政策文件中多有提及。2022 年农业农村部发布《农村宅基地暂行管理办法(征求意见稿)》,继农用地"三权分置"入法后,宅基地专门立法也正式提上了日程。(见表 3)

表 3　宅基地"三权分置"的制度性规定

制　度	效力位阶	内　容	评　价
《中共中央、国务院关于实施乡村振兴战略的意见》(2018 年)	党内法规制度	九(二)……完善农民闲置宅基地和闲置农房政策,探索宅基地所有权、资格权、使用权"三权分置",落实宅基地集体所有权,保障宅基地农户资格权和农民房屋财产权,适度放活宅基地和农民房屋使用权,不得违规违法买卖宅基地,严格实行土地用途管制,严格禁止下乡利用农村宅基地建设别墅大院和私人会馆。	首次提出宅基地"三权分置"改革

制 度	效力位阶	内 容	评 价
《国务院关于农村土地征收、集体经营性建设用地入市、宅基地制度改革试点情况的总结报告》(2018年)	国务院规范性文件	……目前试点范围比较窄,试点时间比较短,尚未形成可复制、可推广的制度经验,且各有关方面对宅基地所有权、资格权、使用权的权利性质和边界认识还不一致,有待深入研究。因此,建议在实践中进一步探索宅基地"三权分置"问题,待形成比较成熟的制度经验后再进行立法规范。	对"三块地"改革进行总结,进一步推动宅基地"三权分置"探索
《中共中央、国务院关于坚持农业农村优先发展做好"三农"工作的若干意见》(2019年)	党内法规制度	……稳慎推进农村宅基地制度改革,拓展改革试点,丰富试点内容,完善制度设计。抓紧制定加强农村宅基地管理指导意见。	强调宅基地制度改革
《中共中央、国务院关于抓好"三农"领域重点工作确保如期实现全面小康的意见》(2020年)	党内法规制度	五(二十七)……以探索宅基地所有权、资格权、使用权"三权分置"为重点,进一步深化农村宅基地制度改革试点。	强调继续探索宅基地"三权分置"改革
《深化农村宅基地制度改革试点方案》(2020年)	部门规范性文件	……深化宅基地制度改革有以下几个关键的着力点。 第一:实质性启动宅基地"退出权"改革。 第二:探索打通宅基地与集体经营性建设用地的具体机制。 第三:探索闲置宅基地和闲置农房盘活利用的多种模式。 ……改革过程中,应注意从以下两个方面保障农民权益。 第一,建立宅基地退出和流转的市场定价机制。 第二,严格控制村庄搬迁撤并的范围和程序。	强调进一步放活宅基地使用权

制 度	效力位阶	内 容	评 价
《中共中央、国务院关于全面推进乡村振兴加快农业农村现代化的意见》（2021年）	党内法规制度	四（二十二）……加强宅基地管理，稳慎推进农村宅基地制度改革试点，探索宅基地所有权、资格权、使用权分置有效实现形式。保障进城落户农民……宅基地使用权……研究制定依法自愿有偿转让的具体办法。	强调探索宅基地流转、退出机制
《中共中央、国务院关于做好2022年全面推进乡村振兴重点工作的意见》（2022年）	党内法规制度	七（三十二）……稳慎推进农村宅基地制度改革试点，规范开展房地一体宅基地确权登记。	确权登记
《农村宅基地管理暂行办法（征求意见稿)》（2022年）	法律（未生效）	第三条 宅基地属于农民集体所有，依法依规无偿分配给本农村集体经济组织成员、以户为单位占有使用。宅基地不得买卖。 第二十六条 农村集体经济组织及其成员可以通过自主经营、合作经营、委托经营等多种方式，依法依规盘活利用合法取得、权属清晰的农村闲置宅基地和闲置住宅。各地应当因地制宜制定闲置宅基地和闲置住宅盘活利用的扶持政策和监管要求。 利用闲置宅基地和闲置住宅开展经营性活动的，应当征得宅基地所有权人同意，符合相关规划和市场监管、特种行业管理、房屋安全监管、房屋租赁管理、消防、环保、食品卫生等有关规定，不得损害农村集体经济组织和其他村民的合法权益。 第二十七条 非本集体经济组织成员、已合法取得宅基地的本集体经济组织成员依法继承农户住宅的，在该住宅存续期间可以依法使用宅基地。	

续表

制　度	效力位阶	内　容	评　价
《农村宅基地暂行管理办法（征求意见稿）》（2022 年）	法律（未生效）	第五章专章规定有关宅基地出租、转让、退出与收回。❶	并未明确宅基地"三权分置"
《中共中央、国务院关于做好 2023 年全面推进乡村振兴重点工作的意见》（2023 年）	党内法规制度	六（二十三）深化农村土地制度改革，扎实搞好确权，稳步推进赋权，有序实现活权，让农民更多分享改革红利。……稳慎推进农村宅基地制度改革试点，切实摸清底数，加快房地一体宅基地确权登记颁证，加强规范管理，妥善化解历史遗留问题，探索宅基地"三权分置"有效实现形式。……保障进城落户农民合法土地权益，鼓励依法自愿有偿转让。巩固提升农村集体产权制度改革成果，构建产权关系明晰、治理架构科学、经营方式稳健、收益分配合理的运行机制，探索资源发包、物业出租、居间服务、资产参股等多样化途径发展新型农村集体经济。	探索解决历史遗留问题和"三权分置"实现方式

❶ 第二十八条　宅基地及其房屋出租的，出租人和承租人应依照相关法律法规订立租赁合同，明确双方当事人的权利义务，约定租赁期限、用途、租金及其支付方式等内容。租赁合同期限不得超过二十年，超过二十年的，超过部分无效。出租人应当将宅基地出租情况向宅基地所有权人报备。禁止借出租名义买卖宅基地。

第二十九条　经宅基地所有权人同意，宅基地使用权可以在本集体经济组织范围内互换，也可以转让或赠与给符合宅基地申请条件的本集体经济组织成员，附着于该土地上的住宅及其附属设施应当一并处分。转让人、赠与人不得再申请宅基地。宅基地使用权互换、转让、赠与的，应当向登记机构申请变更登记。

第三十条　允许进城落户的农村村民依法自愿有偿退出宅基地。禁止以退出宅基地作为农村村民进城落户的条件。对历史形成的"一户多宅"、宅基地面积超标且没有违反当时法律法规和政策规定的，鼓励通过自愿有偿方式退出多占的宅基地。

第三十一条　有下列情形之一的，经乡（镇）人民政府批准，农村集体经济组织可以收回宅基地：（一）为乡（镇）村公共设施和公益事业建设，需要使用该处土地的；（二）农村村民经批准异址新建住宅或通过集中安置实现户有所居，原宅基地依法应当收回的；（三）农户消亡且无人继承宅基地上住宅及其附属设施的；（四）被继承的住宅坍塌、依法拆除或者经鉴定为 D 级危房，继承人不符合宅基地申请条件的，其中，对有保护价值的传统民居及有历史文化价值的建筑依照相关规定处理；（五）宅基地批准后两年未开工建设的，但因特殊情况经作出批准的乡（镇）人民政府同意延期使用的除外；（六）不按照批准的用途使用宅基地的；（七）法律、法规和省、自治区、直辖市规定的其他情形。依照前款第（一）项规定收回农户宅基地的，对宅基地使用权人应当给予适当补偿，或再行分配宅基地。禁止违法收回农村村民合法占有的宅基地。

第三十二条　退出、收回宅基地的，应当及时办理宅基地使用权注销登记。退出、收回的宅基地应当优先用于保障农村集体经济组织成员的住宅建设用地需求；富余的土地可以按照有关规定进行复垦或用于建设农村公共服务设施、发展乡村产业等；涉及转为农村集体经营性建设用地入市的，依法履行相关程序。

2018 年"中央一号文件"明确探索宅基地"三权分置"的改革；2019 年"中央一号文件"即提出："抓紧制定加强农村宅基地管理指导意见。研究起草《农村宅基地使用条例》。"这表明国家对宅基地使用问题已经有了专门立法的初步意向。2018 年《国务院关于农村土地征收、集体经营性建设用地入市、宅基地制度改革试点情况的总结报告》提出关于宅基地适用的两个建议：其一，对人均土地少、不能保障"一户一宅"的地区，允许县级人民政府在尊重农村村民意愿的基础上采取措施，保障其实现户有所居的权利；其二，原则规定进城落户农民在集体经济组织内部自愿有偿退出或转让宅基地。2019 年《土地管理法》修改时就将其确认。2022 年较上一阶段立法对政策及改革成果的滞后回应甚至回避的态度，这样及时的立法回应绝非偶然，在一定程度上意味着接下来宅基地上法律关系的调整将在政策与法律共同推进的格局下形成新的发展趋势，依法推进改革将成为主旋律。2022 年国务院《农村宅基地暂行管理办法（征求意见稿）》的发布表明国家针对宅基地制度改革立法的态度鲜明。❶ 2023 年的"中央一号文件"中再次提出要解决历史遗留问题和探索宅基地"三权分置"的实现形式。这些都需要通过立法的形式予以明确。可以说，现阶段实现宅基地"三权分置"的立法成为农村土地制度改革中一个非常重要和紧迫的任务。

第二节　宅基地"三权分置"改革的基本逻辑

宅基地"三权分置"是时代发展的召唤。不管是城市化发展所产生的城乡人口双向流动，还是实践中已然存在的宅基地使用权隐形流转，都是对改革宅基地制度的客观要求。而从国有土地和集体土地权利平等、追求农村土地经济效率和社会效率并重，以及构建城乡二元格局下新秩

---

❶　《农村宅基地暂行管理办法（征求意见稿）》第三十三条：严禁城镇居民到农村购买宅基地，对城镇居民非法占用宅基地建造的住宅或购买的农户住宅依法不予办理不动产登记。

序的价值诉求角度，宅基地"三权分置"改革也已经体现出其时代的价值意义。

一、宅基地"三权分置"改革的实践契机

农村宅基地制度的改革向来与社会发展需求紧密关联。"人们自己创造自己的历史，但是他们并不是随心所欲地创造，并不是在他们选定的条件下创造，而是在直接碰到的、既定的、从过去承继下来的条件下创造。"❶ 宅基地"三权分置"的改革亦是在农村社会的发展变革中生长起来的。

（一）城市化发展与人口流动是农村宅基地"三权分置"改革的内在因素

从人口学指向的角度，城市化就是人的身份的转变，是农村人口向城市人口转变的过程。而综合不同学科对城市化的界定，可以得出：城市化是一个动态的过程，是"一个国家或地区的人口由农村向城市转移、农村地区逐渐演变成城市地区、城市人口不断增长的过程；在此过程中，城市基础设施和公共服务设施不断提高，同时城市文化和城市价值观念成为主体，并不断向农村扩散"❷。我国用几十年的时间完成了西方很多国家百年的城市化发展之路。农村人口在短时间内完成了大量的城市转移。（见表4）

表4　中国城市化发展中城乡人口占比统计

年份	城镇人口比重（%）	乡村人口比重（%）
1949	10.64	89.36
1950	11.18	88.82
1951	11.78	88.22
1955	13.48	86.52

❶ 马克思，恩格斯：《马克思恩格斯选集》（第1卷），人民出版社1995年版，第585页。
❷ 荣玥芳，高春风：《城市社会学》，华中科技大学出版社2012年版，第77页。

续表

年份	城镇人口比重（%）	乡村人口比重（%）
1960	19. 75	80. 25
1965	17. 98	82. 02
1970	17. 38	82. 62
1975	17. 34	82. 66
1980	19. 39	80. 61
1985	23. 71	76. 29
1990	26. 41	73. 59
1995	29. 04	70. 96
2000	36. 22	63. 78
2005	42. 99	57. 01
2010	49. 95	50. 05
2015	57. 33	42. 67
2020	63. 89	36. 11
2021	64. 72	35. 28
2022	65. 22	34. 78

资料来源：国家统计局.2023 年中国统计年鉴［M］.北京：中国统计出版社，2024.

　　1945 年 4—6 月，中国共产党第七次全国代表大会在延安召开。毛泽东同志向大会提交了《论联合政府》政治报告并作口头报告。毛泽东在报告中提出了城市化中的劳动力问题，指出："将来还要有几千万农民进入城市，进入工厂。如果中国需要建设强大的民族工业，建设很多的近代的大城市，就要有一个变农村人口为城市人口的长过程。"[1] 根据《中国统计年鉴》2022 年关于城乡人口在总人口中占比的统计数据可以看出，我国农村人口占比逐年降低，尤其是改革开放以来，农村人口的占比明显减少。在中国经济改革的十年（1979—1989 年）当中，经济的复苏使得城市化得以发展；1990 年以后，经过 10 年经济复苏和城市发展，加上国家在《国民经济和社会发展第十个五年计划纲要》中正式推出"城镇化战略"，中国城市化建设开始进入一个国家推动的自为加快的新阶段。随着城市化的快

---

　　[1]　毛泽东：《毛泽东选集》（第 3 卷），人民出版社 1991 年版，第 1077 页。

速发展，农村人口的迁徙和流动规模空前。这也是一个基本规律，恰如马克思恩格斯所言："一部分农村人口经常准备着转入城市无产阶级或制造业无产阶级的队伍，经常等待着有利于这种转化的条件。"❶

但是，农村人口的大量迁徙意味着农村宅基地的空置。"空心村"等现象的出现导致了土地的闲置，降低了土地利用率。城市化发展带来的这一现象对土地管理和利用提出了新的要求。2014 年，原国土资源部发布《节约集约利用土地规定》，提出要通过规模引导、布局结构等方式提高土地的使用效率。以宅基地集约节约使用为倒逼手段促进宅基地使用的合理化和规模化。首先要做的是让宅基地能够流动起来。但是我国现行法律对宅基地使用中的流转问题规定得仍不明确，原则性、指导性的规范并不能为宅基地资源性功能的发挥起到有效的引导和保护作用。"三权分置"的提出为宅基地流动起来提供了客观可能性，可以激活城乡统筹的土地管理和利用制度。❷ 在这一背景下进行宅基地"三权分置"改革是城市化发展的必须。城市化发展带来的人口流动内在地驱动了农村宅基地制度的变革。

（二）宅基地事实上的隐形流转是农村宅基地"三权分置"改革的外在动力

纵观我国对宅基地的管理制度可以看出，宅基地的划拨具有明显的福利和保障性质。宅基地是否可以自由流转在很长一段时间内极富争议。而宅基地使用和管理却因制度与实践不符而逐渐背离，形成了违法乱纪的"怪圈"。而"事实上农民远非如许多人想象的那样是一个制度的被动接受者，他们一直有着'反道而行'的'对应'行为，从而以不易察觉的方式改变、修正，或是消解着上级的政策和制度"❸。宅基地上"三权"分离就是实践中农民对已有制度的"对抗"行为进而推动国家政策调整的结果。

---

❶ 马克思：《资本论》（第 1 卷），人民出版社 2004 年版，第 205 页。

❷ 贺雪峰：《大国之基：中国乡村振兴诸问题》，东方出版社 2019 年版，第 198 - 199 页。

❸ 高王凌：《人民公社时期中国农民"反行为"调查》，中共党史出版社 2006 年版，第192 - 193 页。

《土地管理法》明确规定农村"一户一宅、面积法定",然而,实践对此的突破却并不鲜见。农村"一户多宅"的情况在对各地的调研中普遍存在,主要是因继承、受让、赠与等原因形成。从占地面积看,超过标准面积建房的情况更为常见。根据《国家新型城镇化规划(2014—2020年)》的数据,农村人口减少了1.33亿,但是农户建房用地却增加了3045万亩,这也就表明了农村人均建房用地面积出现了显著增加。在对各地情况进行的调研中发现,内蒙古莫旗农村宅基地使用中出现超占比例异常高的情况,平均超占比例高达82.77%。在17个被调研的乡镇中,有7个的超占比例甚至高达90%以上。另外,《土地管理法》中对占用农地建房要求按照规定办理审批手续,但是实践中未批先建、不批挤占的案例比比皆是。笔者在2013—2017年对山西省某市的部分乡镇进行调研时发现,越是交通便利、距离县城近的地方占用农用地建房的现象就越突出;在农村"一户多房"甚至成为乡邻羡慕的对象。而根据《确定土地所有权和使用权的若干规定》:"空闲或房屋坍塌、拆除两年以上未恢复使用的宅基地,不确定土地使用权。"这一规定表明,宅基地闲置两年即丧失宅基地使用权。目前农村宅基地的闲置,少有获得宅基地使用权2年以上未建的情况,主要表现为空置(房屋虽未坍塌、拆除,但无人居住)。造成这种情况的原因主要是"一户多宅"和"一户多房",此外还包括求学就业、异地搬迁等。这种情况虽与该部门规章文本表述有所不同,但通过目的解释"空置现状"亦已违背该法精神。上述问题从另一个角度看,则表明农村宅基地的使用率其实是非常低的。根据笔者调研和对其他学者调研结果的分析,这种情况在广东省❶、河南省❷、湖北省❸以及广东省梅州市❹等全国各地都普遍存在;且早在十

❶ 白彬:《农村宅基地管理中存在的问题及对策研究——以广宁县古水镇为例》,《农技服务》2017年第14期。

❷ 杨玉珍:《农户宅基地利用状况、腾退意愿及利益诉求——对河南省1105个样本农户的调查》,《现代经济探讨》2013年第4期。

❸ 李欢:《湖北宜城探索宅基地制度改革农房可以抵押贷款》,《人民日报》2016年6月4日,第1版。

❹ 张光辉,邓建辉,麦静等:《农村宅基地流转现状、问题与对策研究——基于梅州市的调查分析》,《南方农村》2015年第2期。

多年前学者的调研中就已有体现。● 而根据笔者调研，不管是占用农地形成的"一户多房"、面积超标，还是基于合法原因形成的"一户多宅"的闲置问题，在实践中都缺乏相应的法律责任追究机制甚至无人问津，违法成本低到几乎为零，导致违法行为未被遏制反而有越演越烈之势。

作为"理性经济人"的农民也并非将宅基地上房屋完全闲置。事实上，宅基地的私下流转已然普遍存在。按照学者研究统计的数据，"农民宅基地通过房屋买卖、出租和抵押等形式的私下流转与灰色交易大量存在，据估算已经达到10%～15%，有的地方甚至达到40%以上"●。笔者在北京郊区走访时也看到，由于外来打工人口较多，宅基地私下买卖和出租的现象非常之多。有的村直接将宅基地出租给企业建员工宿舍，有的将宅基地直接出售，较为常见的是在自己的宅基地上建宅用来出租给外来打工人员。笔者在访谈中所遇一户共向三个家庭出租了房屋。可见，一个巨大的宅基地流转"隐形市场"已经形成且日益扩大。从法律上讲，《宪法》规定"土地使用权可以依照法律的规定转让"，也就意味着从根本法角度对包括宅基地使用权在内的土地使用权的流转是允许的。《土地管理法》和我国《民法典》的现行法律并没有明确宅基地使用权是否允许流转的问题，近年来政策性文件对宅基地流转更是持开放态度。现行法律、法规和政策文件等对宅基地使用权流转的限制主要体现为程序限制、身份限制和用途限制上，私下流转所需承担的也多是合同风险而非法律责任的负担。

这样一来，宅基地流转陷入一个尴尬的境地。大量的农村房屋和宅基地处于低利用率的状态，法律的暧昧态度让流转的发生多少带有"撑死胆大的，饿死胆小的"的民间百姓心理。加之《中华人民共和国民法

● 曾芳芳，林德福，杨亚平等：《基于城乡一体化背景下的农村宅基地问题研究（一）——现实困境及其根源探究》，《福建农林大学学报（哲学社会科学版）》2010年第5期；李英，王瑷玲，朱忠显等：《农村宅基地使用存在的问题分析及政策建议——基于山东省栖霞市农村宅基地使用状况调查》，《国土资源科技管理》2009年第6期；刘俊：《农村宅基地使用权制度研究》，《西南民族大学学报（人文社会科学版）》2007年第3期。

● 韩康：《宅基地制度存在的三大矛盾》，《人民论坛》2008年第14期。

典》（以下简称《民法典》）上"房屋可以抵押"与《中华人民共和国民法典》对"宅基地使用权不可以抵押"的强调，以及农村房屋出让和出租对受让主体不限制与"地随房走"原则的矛盾，又造成了实践的困扰。司法对流转亦无准确统一的应对之力。根据学者江晓华对司法案例及裁判结果的分析，宅基地使用权事实上流转给集体经济组织以外的现象很多；而司法对转让效力的判定却有不同。❶虽被判"无效"比较普遍，但占比 1/4 左右的"有效判决"也使实践陷入了混乱；而"同案不同判"也为管理混乱带来新的问题。地方政府对宅基地流转也多有支持，有的地方甚至推出了"宅基地换社保"的模式；虽然这种模式从法理上既不符合社会保障权的性质，亦有悖政府提供公共服务的职责，但一度成为广为推广的经验。可以说，宅基地流转有种"戴着面具跳舞"的神秘感。

我们知道，我国土地产权制度设计之初包含了对农民"平均地权"的政治承诺，体现了"地权结构的封闭性与土地的生存保障达成逻辑与价值的双重统一"❷的社会稳定功能。宅基地是农民"居者有其屋"的基本保障，《中共中央办公厅、国务院办公厅关于涉及农民负担项目审核处理意见的通知》取消农村宅基地使用收费和宅基地超占费用更是强化了其福利性资源的特征。而这都是农民以无法享受城市社会保障为代价的。在社会转型的今天，要增强宅基地的财产权属性，对于所有农民来说也理应是公平享受的。不过，近年来新增建设用地指标已不再向农村投放，很多省、市也早已不再审批宅基地。这就意味着新增农业人口基本丧失了享受这一应有福利和保障的机会。而普遍存在的"一户多宅""一户多房"以及隐形流转下的收益现象，实则是对公平价值的挑战。

整体来说，农村宅基地使用的低效率和各地的流转实践表明宅基地流转势在必行。就当前城乡发展而言，农村宅基地承担的对农民生存权的尊重和保障以及稳定社会的功能正在逐渐弱化，赋予农民更多的财产性权利

---

❶　江晓华：《宅基地使用权转让的司法裁判立场研究》，《法律科学（西北政法大学学报）》2017 年第 1 期。

❷　刘云生：《农村土地股权制改革现实表达与法律应对》，中国法制出版社 2016 年版，第 15 页。

却是现阶段须破解的关键问题。我国《民法典》中作为用益物权的宅基地使用权的财产权，只有通过流转才能激活进而增加农民的收益。这就在客观上要求必须通过修改法律为宅基地流转提供规范依据，从而避免"隐形交易"所产生的法律纠纷隐患。这是市场经济发展的规律，也是公平、效率价值的必然要求。2015 年开始的 33 个试点也表明探索宅基地法律机制的契机已然到来。

二、宅基地"三权分置"改革的时代价值

制度的改革往往与其所处的时代背景紧密相连。纵观新中国成立以来我国宅基地法律制度的修改，均是社会发展背景下的时代需求与召唤。我国当前城市化建设已经基本完成，乡村振兴正如火如荼地进行。在这一时代背景下，农村宅基地制度已然肩负起新的历史使命。宅基地"三权分置"改革具有重要的时代意义和价值。

(一)宅基地"三权分置"改革是城乡土地权利平等的价值要求

平等是民法产生和发展的理念基础，平等原则是民法的基本原则之一；平等也是正义理念的重要内容，是正义得以实现的重要前提。"平等"二字所蕴含之精髓，大约是人类文明发展之最大成就。19 世纪法国著名哲学家皮埃尔·勒鲁指出："平等是一种原则、一种信条、一道命令。"❶

从法律的价值角度出发，平等是法律追求的价值之一，"法律意义上的平等，既是法律的基本价值，又是法律的基本原则，还是宪法的基本权利"❷。平等在很大程度上是通过法律来体现和实现的。制度的设计有义务为所有参与社会运行的主体提供平等的平台和为社会成员提供平等的机会；并在实质不平等的时候提供必要的救济与帮助。18 世纪法国启蒙时代的著名思想家、法学家孟德斯鸠指出："人一生出来就都真正是平等的，

---

❶ [法]皮埃尔·勒鲁：《论平等》，王允道译，商务印书馆 1996 年版，第 20 页。

❷ 张德瑞：《中国农民平等权利法律保护问题研究》，江西人民出版社 2009 年版，第 35 页。

但这种平等是不能继续下去的，社会让人们失掉了平等，只有通过法律才能恢复平等。"❶ 立法能平衡客观因素对不同主体产生的不平等的影响。正如 18 世纪法国伟大的思想家、哲学家卢梭在《社会契约论》一书中指出的那样："恰恰因为事物的力量总是倾向于摧毁平等的，所以，立法的力量就应该总是倾向于维持平等。"❷ 根据《宪法》的规定，我国土地资源分国家所有和集体所有两种。国有土地在制度设立之初就有自由流转的权利，而农村土地基于农村社会保障的作用在很长一段时间内被禁止流转以维持农村社会的稳定。不过，随着城市化发展和经济社会的进步，国家社会发展对农村土地需求的增强以及农村土地本身所承载的社会保障价值的减弱，宅基地本身所具有的财产性价值愈发彰显。立法上对国有土地和集体土地的价值承认也应转向一致。通过立法确认土地这一生产要素的平等性是土地本身的要求，更是时代发展的召唤。

如同 19 世纪法国历史学家、政治家、社会学的奠基人托克维尔指出的那样："身份平等的逐渐发展，是事所必至，天意使然。"❸ 民主时代人和人身份上的平等无疑是紧要的，但是土地要素的平等亦是至关重要的。《宪法》最初将土地划分为国家所有和集体所有的目的是保护农民利益，然而今天，城乡土地"同地不同权"的现状却在一定程度上成为威胁农民土地权益得以有效落实的重要因素。《宪法》规定了国有经济和集体经济都是社会主义公有制经济的组成部分，也是我国社会主义市场经济的重要内容；《民法典》又规定依法保障国家、集体和个人的财产权利，一切市场主体的权利都应当得到平等保护。这就意味着不管是国有土地还是集体土地，作为财产权利的一种，作为社会主义市场经济的一部分，理应一视同仁、平等对待。早在两千多年前，孔子就在《论语·季氏》中感叹道："丘也闻有国有家者，不患寡而患不均，不患贫而患不安。"现有法律制度对国有土地规定之详细更是反衬出农村土地制度的不完备。尤其是土地使

---

❶ ［法］孟德斯鸠：《论法的精神（上）》，张雁深译，商务印书馆 1982 年版，第 114 页。
❷ ［法］卢梭：《社会契约论》，何兆武译，商务印书馆 1980 年版，第 69-70 页。
❸ ［法］阿历克西·德·托克维尔：《论美国的民主（上卷）》，董果良译，商务印书馆 1997 年版，第 7 页。

用中的资产属性的实现，集体土地所有权权属不明，以及处分权缺位都成为集体土地流转的制度障碍。加之根据现有法律对不同所有权性质土地的补偿不均衡，这些原因直接导致了集体土地在一定程度上沦为国有土地之附属，丧失了其作为与国有土地同样作为公有制重要内容的宪法意义。这对宅基地资产价值的实现显然是不利的。

通过立法确认国有土地和集体土地在法律地位上的平等，将作为集体土地的宅基地纳入统一的土地市场中去，建立城乡统一的土地流转市场；与城市建设用地统一规划和审批，确立统一的税费缴纳标准。从土地入市的源头上实现法律地位的平等和市场化，确保其交易中地位的平等性，避免基层地方政府"土地财政"问题的滋生，进而实现农民土地权益的保护。只有这样才能真正维护农民以及农民集体的土地权益和其他宪法性权利。

而这一价值的追求与实现，首先要做的就是解绑宅基地与农村成员的身份桎梏，让宅基地能够自由地在市场中流通。宅基地"三权分置"改革将传统立法中宅基地使用与农民集体成员身份剥离，能够为城乡土地的平等使用奠定基础。

（二）宅基地"三权分置"改革是经济社会效率并重的价值选择

效率是经济学的核心问题。从普遍的认识而言，"效率就是从一个给定的投入量中获取最大的产出，即以最少的资源消耗取得同样多的效果；或以同样的资源消耗取得最大的效果。也就是经济学家常说的'价值最大化'或'以价值极大化的方式配置和使用资源'"❶。效率价值的本质是在于优化资源配置。事实上，"所有土地制度都是具有两大功能，即保障功能和激励功能，其他功能都是这两大功能的派生物"❷。由此产生的效果使得土地资源在法的效率价值实现中包括了经济效率和社会效率两个方面。

首先，从经济效率角度而言，在土地法律制度中，效率价值的追求首先就是通过法律优化土地资源和农地权利的配置使土地能够提供更多的产

---

❶ 张文显：《法理学》（第四版），高等教育出版社、北京大学出版社2011年版，第268页。

❷ 周诚：《土地经济学原理》，商务印书馆2003年版，第157页。

出，从而使农民获得更多的土地收益。战国时期思想家李悝在《法经》中就有"尽地利之教"的思想，孙中山先生也有"地能尽其利"的主张。从上述关于实践的论述中可以看出，我国农村宅基地目前所承载的保障居住的基本功能已经逐渐弱化，而其经济价值在社会发展和变革中不断提升。如果依然坚持原有立法对宅基地使用权的身份束缚，不但不足以体现"尽地利之教"的效率价值，相反在一定程度上是对效率价值的损害。农村土地在市场机制的作用之下基于土地制度之激励功能促使其从效率较低的使用流向效率较高的使用，从而实现土地资源的优化配置。这就要求宅基地制度进行深层次的变革，以放活使用权的姿态进入土地交易市场，从而提升其经济效益。具体而言，就是要求农村土地权利界限明晰、土地所有权归属明确、农民宅基地使用权物权性突出以及宅基地使用权的流转充分等。

其次，一项制度的社会效率是其运行在社会上所取得的效果，其价值在于满足人们对效率的需求，因此，其外延是非常广泛的。但是就法律的效率价值而言，社会效率至少应该包括权力运行效率的提高和社会公正的维护。宅基地是公有的生产资料，我国土地管理制度和宅基地的所有权制度决定了宅基地使用的各个环节不可避免地与公权力尤其是行政权紧密联系。这就意味着公权力在放活宅基地使用权中应保持明确的定位和有限的干预；行政权之运用必须以法律规定的权限范围为尺度，以维护农民合法土地权益为基本导向，真正做到行政权之行使是为了农民利益的实现。这就要求在宅基地制度改革中正确定位行政主体的角色及其职权范围，保证农民作为主体独立自主地参与到放活宅基地使用权的过程等。❶ 除此之外，效率价值本身应蕴含对公平正义的实现，若违背了公平正义的终极目标，效率也就荡然无存。因此，在宅基地制度的改革立法中，我们又不能仅考虑经济学意义上产出最大化的效率理念，还应该关注法律意义上效率理念中所包含的"公平"之意义。因为效率的绝对化会导致收入悬殊、两极分

---

❶ 杜艳，陈丹：《农村宅基地"三权分置"中"适度放活"的制度完善》，《农业经济》2021年第12期。

化等不稳定因素的形成,从而从根本上损害效率。虽然目前我国农村宅基地所承载的保障功能逐渐减弱,但是在农民养老、就业等社会保障体系尚未完备,也没有实现城乡社会保障的并轨与接续的情况下,土地依然是农民进城后的根本保障所在。因此,制度的设计仍应以保障农民权利为依归,以实质公平为目标。社会公正价值的维护依然应该是居于首位。只有当宅基地不再作为农民基本保障的时候,制度的变革才能以效率优先为原则。

当然,宅基地法律制度改革的效率价值的实现是经济效率和社会效率共同作用的结果,这就需要通过体系化的规则设计和合理化的权利模式,优化资源配置,提升制度运行的效率。其实也就是要发挥土地制度的激励功能,在土地制度的安排中体现法律效率之价值:既充分实现宅基地利用之经济效益,增加农民土地收入,又满足社会效率之要求,避免行政权对放活宅基地使用的过度干预,从而保障农民的权利实现。

(三) 宅基地"三权分置"改革是城乡二元秩序化解的价值需要

土地是农村社会的基础所在,农村的发展变革与土地制度息息相关。土地制度的稳定有序是农村社会稳定有序的关键所在。人类社会中有自然秩序和社会秩序两种不同形态的秩序内容。而秩序是一个系统的范畴,它指的是多个事物之间的一种连续的、有规则的关系状态。自然秩序是一种客观规律,不以人的意志为转移。社会秩序则表示"在社会中存在着某种程度的关系的稳定性、进程的连续性、行为的规则性以及财产和心理的安全性"[1]。"社会秩序是人类存在和发展的必要前提,是人类社会生活有序进行的重要保障。"[2] 社会是一个关系范畴,人类社会生活得以为继的必要前提是社会秩序的有效构建和运行;究其根本就是社会关系的稳定与和谐。我国正处于城乡发展的快速阶段,城乡关系、农村社会内部关系的稳定有序都是当前发展的关键因素。然而现实情况是,长期以来我国更加注

---

[1] 张文显:《法理学 (第四版)》,高等教育出版社,北京大学出版社 2011 年版,第 260 页。

[2] 辛鸣:《制度论——关于制度哲学的理论建构》,人民出版社 2005 年版,第 118 页。

重城市的建设和发展，从而导致城乡二元结构的产生和长期固化。随着城市化发展带来的人口流动，城乡人口混居成为客观。尤其是近年来乡村振兴的推进，城乡的双向流动逐渐取代农村向城市的单向流动。在这样的背景下，原有的利益格局被打破，新的利益冲突逐渐生成。

利益是支配人类活动的原动力，利益对社会秩序的变革具有重大的影响。马克思在分析利益的本质时指出："利益就其本性说是盲目的、无止境的、片面的。一句话，它具有不法的本能。"每个人都有追逐自身利益的本能，因此利益冲突是不可避免的。利益的大小取决于对资源控制的多少。尤其是在面对土地这种稀有资源之时，对土地权力（利）的大小决定了其可能获得利益的多寡。由利益引发的冲突在土地秩序中表现了出来。马克思在论述国家和法产生的根源时指出，国家和法产生的目的在于把经济利益的冲突保持在"秩序"的范围之内，这也正是法的秩序价值之所在。

根据我国现有法律制度，"我国的土地法律秩序以社会主义公有制为基础，以国家土地所有权与集体土地所有权并行的二元土地公有制结构为基本特点"❶。因此，土地利益的实现在于在土地所有权和使用权分离的基础之上进行土地资源配置。根据现有法律的规定，我国土地资源是农村向城市的单向流动，国家可以通过管理和规划的权力将农村集体所有的土地转为国有土地，但国有土地并不会转为农村集体所有。而伴随着城市化发展和乡村振兴带来的人口双向流动，城市非农户籍的主体在农村的居住在法律上就受到了一定的限制和阻碍，但这并不符合客观现实的需求。城乡二元的社会保障体系以及立法上仍未放开的宅基地使用权制度成为当前社会流动状态下利益冲突的重要内容。如果不能尽快得到妥善解决，必然会威胁我国经济和社会的可持续发展。

不过，"冲突并不完全是破坏性的，它也具有建设性的社会功能"❷。这种建设性正是法律对秩序重塑的结果。通过法律对利益格局的重整，消

---

❶　邓海峰：《土地法律秩序的解构与重塑——以土地征收制度的限缩为中心展开》，《清华法治论衡》2012 年第 2 期。

❷　蔡文辉：《社会学理论》，三民书局印行 1986 年版，第 128 页。

弭各利益主体之间的冲突，使得秩序得以重建。具体到农村宅基地立法中，就是要构建促进农村社会持续发展、保障农村经济快速增长、确保农民土地权益得以实现的社会秩序；否则土地秩序混乱、农民权益不保必然破坏社会秩序的存续，各种有利于农民土地权益实现的法律和政策也在秩序难以为继的环境中无法践行。而法律具有利益调控的功能，"法律规范人的行为主要依靠人与人之间的利益抗衡"❶，在土地法律关系复杂的利益主体之中，立法需要寻求的是实现各利益关系之间平衡的路径。宅基地使用权的放活在一定程度上为城乡人口双向流动所形成的居住、经营等一系列问题的解决打开了制度之门，同时也为农民进入城市且有后方保障吃了"定心丸"。这就将社会发展所引发的利益冲突重新纳入秩序的轨道，保证了我国现阶段社会发展的稳定性和可持续性。

美国当代哲学家约翰·罗尔斯在《正义论》一书中指出："任何法律制度，不管他们如何具有效率和秩序，只要是不正义的，就应该加以修改或废除。"❷ 有学者指出："在农地立法中，自由、平等、效率、秩序反映了各种利益主体的不同价值取向，我们认为，农地法律制度的建构应当以平等为基础、以自由为追求、以效率为动力、以秩序为保障。"❸笔者对此甚是赞同，因为这既是法律价值的必然要求，也是评价法律自身的基本标准。当前宅基地"三权分置"改革恰是在追求平等、效率和秩序的价值中为我国现代化建设作出的制度改造。

---

❶ 付子堂：《法律功能论》，中国政法大学出版社 1999 年版，第 82 页。

❷ ［美］约翰·罗尔斯：《正义论》，何怀宏译，中国社会科学出版社 1988 年版，第 3 页。

❸ 陈小君，高飞，耿卓，等：《后农业税时代的农地权利研究——中国十省农地法律制度研究总报》。陈小君等：《农村土地法律制度的现实考察与研究——中国十省调研报告书》，法律出版社 2010 年版，第 156 页。

第二章　宅基地"三权分置"的现实考察

　　自党的十八大以来，连续 11 年的"中央一号文件"强调要改革和完善农村宅基地制度；2021 年到 2024 年连续 4 年，"中央一号文件"用"稳慎推进农村宅基地制度改革试点"的同样表述对宅基地试点工作进行部署。宅基地制度改革的实践从国家层面而言兴起于"三块地"改革。2014 年底，中共中央办公厅和国务院办公厅联合印发了《关于农村土地征收、集体经营性建设用地入市、宅基地制度改革试点工作的意见》；2015 年初，通过《全国人民代表大会常务委员会关于授权国务院在北京市大兴区等三十三个试点县（市、区）行政区域暂时调整实施有关法律规定的决定》。根据上述文件，我国在 33 个试点地区暂时调整实施《土地管理法》《中华人民共和国城市房地产管理法》（以下简称《城市房地产管理法》）中关于农村土地征收、集体经营性建设用地入市、宅基地管理制度的有关规定。本次改革的目的是改革完善农村土地制度，为推进中国特色农业现代化和新型城镇化提供实践经验。❶ 这次试点也正式拉开了农村宅基地制度改革的序幕。

第一节　宅基地"三权分置"的制度探索

　　早在 2005 年国土资源部颁布的《关于规范城镇建设用地增加与农村

---

　　❶ 严金明，蔡大伟，夏方舟：《党的十八大以来农村土地制度改革的进展、成效与展望》，《改革》2022 年第 8 期。

建设用地减少相挂钩试点工作的意见》中就要求申请试点的 8 个省（市）遵照该意见在把宅基地整理与城乡一体化建设结合起来进行制度创新。2015 年"三块地"试点中对宅基地"三权分置"的探索已有端倪。2018 年"中央一号文件"正式提出宅基地"三权分置"，此后地方立法或规范性文件中开始有了关于宅基地"三权分置"的表述。

一、"三块地"试点中宅基地改革的制度探索

2015 年初《全国人民代表大会常务委员会关于授权国务院在北京市大兴区等三十三个试点县（市、区）行政区域暂时调整实施有关法律规定的决定》确定了北京市大兴区、天津市蓟县、河北省定州市、辽宁省海城市、上海市松江区、浙江省义乌市、浙江省德清县、福建省晋江市、山东省禹城市、广东省佛山市南海区、海南省文昌市、山西省泽州县、河南省长垣县、吉林省长春市九台区、黑龙江省安达市、安徽省金寨县、湖北省宜城市、湖南省浏阳市、江苏省常州市武进区、江西省余江县、内蒙古自治区和林格尔县、广西壮族自治区北流市、重庆市大足区、四川省成都市郫县、四川省泸州市泸县、贵州省湄潭县、云南省大理市、西藏自治区曲水县、陕西省西安市高陵区、甘肃省陇西县、青海省湟源县、宁夏回族自治区平罗县、新疆维吾尔自治区伊宁市 33 个试点。从地域分布而言，中央充分考虑了东部、中部和西部地区经济发展水平不同的现实情况，在除台湾省及香港和澳门两个特别行政区之外的 22 个省、5 个自治区和 4 个直辖市都确定了试点，其中东部地区 12 个、中部地区 8 个、西部地区 13 个，四川省和浙江省各有两个试点。试点地区从区域选择上体现了涵盖的全域性可能，有利于试点经验能在全国范围内实现总结和推广；从具体市（县、区）的选择上又考虑小范围试点，兼顾不同发展阶段和模式。❶ 从所选试点的发展水平看，主要选择的是新型城镇化综合试点和农村改革试验

---

❶ 刘守英：《农村"三块地"试点与土地制度改革的可能路径》，《中国人民大学学报》2019 年第 1 期。

区，这也体现了宅基地制度改革的时代背景和需求。但是，就整体而言，在“三块地”改革的试点中，各试点地区对宅基地制度的改革显然不及土地征收和集体经营性建设用地入市。从制度建设角度看，33个试点在宅基地管理制度方面进行了一定的探索并形成了一些制度经验。各试点地区的制度建设情况主要体现在以下五个方面。

（一）规范宅基地使用制度

在试点地区的探索中，最重要的一个内容就是规范宅基地的使用。各试点地区在宅基地改革中首先进行了制度规范，为宅基地放活使用提供了制度保障。这种规范主要体现在四个方面。

第一，规范宅基地的审批制度。宅基地使用审批制度有利于保障农村土地的合理化利用。通过审批制度可以推进宅基地选址、整体规划等，防止农户在使用中出现乱占乱建以及非法占用或滥用土地的情形。[1] 试点地区如浙江省德清县严格执行“一户一宅、拆旧建新、法定面积”规定，按照“农户申请、村级审查、镇（街道）审批、县管转用”的模式，优化宅基地审批管理；福建省晋江市采取“一户一宅”“一户一居住”的差别化取得方式，并建立宅基地网上审批制度。规范、便捷的宅基地审批制度能够促进农村土地的合理利用，为宅基地合法使用并为接下来的流转奠定基础。而云南省大理市更是确认了“户”与“宅”的认定标准，为宅基地审批制度的有效实施扫清前置障碍。

第二，对宅基地进行确权颁证。宅基地确权颁证能够确保农民的土地权益，使得农民依法取得的宅基地得到合法认证。[2] 同时，宅基地确权可以明确宅基地的权属和范围等内容，为宅基地使用权的流转提供法律依据和法律保障。在试点地区，福建省晋江市推动宅基地使用权、房屋所有权确权登记颁证；新疆维吾尔自治区伊宁市将农村宅基地纳入不动产统一登记。而且，根据实践中的不同情况，宅基地确权颁证工作体现出一定的灵

---

[1]　严金明，陈昊，夏方舟：《深化农村“三块地”改革：问题、要义和取向》，《改革》2018年第5期。

[2]　郑泰安，黄泽勇：《农村土地流转确权颁证问题研究》，《农村经济》2011年第6期。

活性，如青海省湟源县对符合分户条件且分户后不超占的进行确权登记；对不愿分户形式超占或分户后仍超占的，只登记不确权。

第三，设立宅基地有偿使用制度。宅基地制度本身具有福利性质，在法律规定的范围内免费、长期使用是国家保障农户居住权的重要内容。但是超额使用宅基地不仅违背公平价值和宅基地制度的设立初衷，也是放活宅基地使用权后难以避免的纠纷引发点，必须予以规制。对农户超额使用宅基地的情况，各地主要采取有偿使用和引导退出几种不同的方式来应对。河北省定州市对农户超占、多占宅基地提出有偿使用；安徽省金寨县采用"50＋3"❶有偿使用费阶梯累进收费办法；江西省余江县也是采用阶梯式有偿使用办法。云南省大理市对"一户多宅"和超标准占用、租赁、经营的有偿使用，按自住和经营分类分阶梯收取费用；历史形成的超占，按年有偿或一次性有偿使用。❷此外，实践中还存在非本集体经济组织成员基于法定原因获得宅基地使用权的情形，尤其是城镇居民依法获得宅基地使用权的，基于法理亦应有偿使用。陕西省西安市高陵区对非集体经济组织成员因为继承而占有宅基地的也采取了有偿使用；新疆维吾尔自治区伊宁市内地早期入疆购置宅基地的，经村级民主议定有偿使用。而对于超额使用的费用，各试点地区也进行了合理安排。湖南省浏阳市将有偿使用费由"村收村支"，主要用于农村基础设施建设；宁夏回族自治区平罗县要求农户对超占部分有偿使用，收取费用用于村公共设施建设和集体经济成员社会保障。整体而言，试点地区的有偿使用收益归集体所有，主要是用于村内基础设施、公益事业建设、土地复垦及宅基地回购等。这在一定程度上实现了宅基地的经济价值。

第四，推进宅基地退出制度。对于农村一户多宅等情形，除却有偿使用外，为保证其他农户的使用以及土地资源的高效利用，试点地区针对不

---

❶ 金寨县对"一户一民"超规定面积部分，超过 20 平方米以下部分，不收取有偿使用费；超出 20～70 平方米部分，按 3 元/平方米收费；超出规定面积每增加 50 平方米，收费标准提高 3 元/平方米。

❷ 徐博，岳永兵，黄洁：《"三块地"改革先理顺利益关系——对部分地区农村土地制度改革实践的调研与分析》，《中国土地》2015 年第 2 期。

同情况引导农户退出宅基地。如陕西省西安市高陵区对建新未拆旧形成的一户多宅,坚决要求退出;祖遗户等原因造成的一户多宅,以住房为主、货币为辅的安置补偿方式自愿退出;有条件的采取"整村退出、社区安置"措施;无条件的则"零散退出,逐步社区化"。安徽省金寨县施行"补偿+奖励"的有偿退出机制❶。此外,对农户闲置、废弃的宅基地,集体主导退出。闲置、废弃的宅基地一方面浪费农村土地资源,另一方面废置宅基地上往往存在杂草丛生、垃圾堆积等问题,影响农村的生态环境和村民的居住环境。针对这种情况,试点地区尝试引导退出。如河北省定州市对闲置、废弃的宅基地在村集体主导、群众自愿的基础上进行退出补偿。山西省泽州县针对无建筑物和闲置的宅基地,进行无偿退出;而针对面积超标、一户多宅则进行有偿退出。内蒙古自治区和林格尔县规定尽量使用村内空闲地、荒地、废弃地、旧宅基地或未利用土地。重庆市大足区则明确了农村宅基地的退出程序。

整体而言,各个试点地区对宅基地使用的规范一方面有助于保障农民的合法权益,另一方面,有利于提高土地利用效率。江西省余江县在全国率先建立覆盖县、乡、村组的宅基地管理制度体系,由村民事务理事会主要负责宅基地制度改革。❷ 这些举措无不为宅基地制度的进一步改革、为农村宅基地"三权分置"改革试点打下坚实基础。

(二)放活宅基地的使用

放活宅基地使用是农村宅基地制度改革的主旨,也是2018年提出宅基地"三权分置"政策设计的目标。在"三块地"试点改革期间,各个试点地区就对放活宅基地使用进行了多种尝试,如宅基地使用权流转、宅基地上住房抵押贷款等方式,并构建有利于放活宅基地使用的市场机制。

第一,宅基地流转是放活宅基地使用的首要方式。各个试点在放活宅

---

❶ 蔡俊,袁宏伟,王雪兵,等:《期望权益、确权效应与宅基地退出意愿及代际差异——基于合肥市近郊肥东县615份问卷的实证分析》,《干旱区资源与环境》2021年第12期。

❷ 徐国良,朱明佳,徐玉婷:《农村宅基地非市场价值内涵及影响因素研究——以江西省余江区为例》,《中国农业资源与区划》2021年第10期。

基地使用中主要采取了宅基地的流转。宅基地的流转在大多数试点地区跳出了本集体经济组织内部流转的限制，允许宅基地跨区域流转。❶ 如安徽省金寨县规定，在乡镇行政区域内或本集体经济组织内流转农村宅基地；湖南省浏阳市规定可跨村镇流转；青海省湟源县规定宅基地在全县域可跨行政村流转；新疆维吾尔自治区伊宁市规定，宅基地流转范围为全市符合宅基地申请条件的农民。可见，流转放活宅基地的使用已经在试点地区大范围开展并得到规范性文件的认可，而非传统的农户私下、隐形的本集体经济组织内部的流动。此外，由集体经济组织主导的宅基地流转也是试点的重要部分。如：青海省湟源县根据实际情况实行宅基地就地配置、就近配置、异地配置和上楼配置模式；浙江省义乌市❷多村集中联建，用宅基地用益物权置换集聚区内的大产权房，或者通过"零增地"模式开展"空心村"改造和产权置换或货币置换推进"异地奔小康"工程。

第二，允许在宅基地上或对宅基地上已有的房屋进行经营性建设也是试点地区放活宅基地使用的重要形式。湖南省浏阳市允许宅基地腾退后用于经营性建设。四川省泸州市泸县采取农村闲置宅基地和集体经营性建设用地采取"退出—收储—入市—收益"的利用途径，与"挂钩—征收"互补。云南省大理市规定用宅基地从事经营活动的，按现有使用面积由村集体收取土地调节金。湖北省宜城市由集体回购闲置宅基地，改造后出租或承包，或者由农户自主经营。宅基地的使用不再局限于居住保障，在农户居住权得以保障的情况下，探索宅基地使用权的经营性使用成为试点地区提升宅基地经济价值的重要方式。

第三，宅基地的经济效益不仅体现在通过经营性使用或者使其流动起来形成价值，而且还在于宅基地本身的财产属性。通过抵押、担保等形式实现宅基地本身的经济价值，在试点地区的实践中亦较为常见。❸ 福建省

---

❶ 孔祥智，周振：《我国农村要素市场化配置改革历程、基本经验与深化路径》，《改革》2020年第7期。

❷ 唐健，王庆宾，谭荣：《宅基地制度改革绩效评价——基于全国5省土地政策实施监测》，《江汉论坛》2018年第2期。

❸ 郭贯成，王俊龙：《中国农村宅基地流转：动态、主题及研究趋向——基于CiteSpace知识图谱的可视化分析》，《河南师范大学学报（哲学社会科学版）》2022年第4期。

晋江市是全国首个放开宅基地抵押、担保、转让的试点地区；宁夏回族自治区平罗县也允许宅基地使用权抵押贷款。浙江省义乌市规定农户可以互保抵押。浙江省义乌市、吉林省长春市九台区、湖北省宜城市、内蒙古自治区和林格尔县、四川省泸州市泸县、陕西省西安市高陵区等地都允许农民住房财产权抵押。云南省大理市更是采取集体经济组织担保、多户联保等形式推进农民住房财产权抵押。青海省湟源县则是推动农村住房财产权、宅基地使用权"两权"抵押贷款。可见，试点地区在宅基地抵押上采取了宅基地上房屋抵押和宅基地使用权抵押两种形式。宅基地上房屋抵押更为常见，但宅基地使用权抵押则更具直接性。

（三）搭建平台体系和市场机制

为了更好地实现放活宅基地使用，试点地区加强了宅基地管理和使用体系建设。[1] 在宅基地管理方面，四川省成都市郫县建立了农民住房财产权确权颁证及抵押登记体系；广东省佛山市南海区构建"1＋N"宅基地管理政策体系；四川省泸州市泸县要求建立权属清晰、记载有据的农村宅基地台账。宅基地的规范管理为进一步放活宅基地的使用奠定基础。而地价是放活宅基地使用中的核心内容，为保证增加农民的财产性收益和放活宅基地的财产属性，各试点地区将宅基地价值以及宅基地上房屋价值的评估纳入重点改革范畴。[2] 在宅基地价值评估方面，四川省成都市郫县构建农民住房财产权价值评估体系，依托具有房地产价值评估资质的中介机构"一户一评"和银行内部评估体系，通过双方协商等方式合理确定农民住房财产权价值。重庆市大足区采用宅基地和房屋综合评估方式。

在宅基地放活使用的平台建设方面，试点地区也进行了深入探索和尝试。西藏自治区曲水县建成县级农村土地流转交易服务中心。浙江省义乌市政府设立宅基地交易平台。福建省晋江市建立宅基地本村内部流转机制

---

[1] 林超，陈卫华，吕萍：《乡村振兴背景下农村宅基地功能分化机理、规律及治理对策研究——基于资产专用性视角》，《湖南师范大学社会科学学报》2021年第5期。

[2] 应星：《农户、集体与国家——国家与农民关系的六十年变迁》，中国社会科学出版社2014年版，第154页。

和流转平台。青海省湟源县搭建抵押贷款担保平台（湟源金惠融资担保公司），提供"以奖代补"的惠农贷款担保，贷款利息由市、县两级财政贴息补助。甘肃省陇西县建立县农村产权交易中心乡、镇则成立农村产权交易服务所，将不动产登记、二级市场交易、农村产权交易、金融服务等职能部门服务窗口集中整合到县政务服务大厅集中办公，设置土地二级市场服务窗口8个，实现了各窗口资源和信息共享。尤其在实现宅基地抵押中，四川省成都市郫县更是形成了融合政府扶持、多方参与、市场运作的农民住房融资服务体系来完善农民住房财产权抵押贷款风险处置和分担机制。

放活宅基地使用离不开市场机制的运行。试点地区同时关注宅基地市场化运行机制建设。江苏省常州市武进区推进市场化管理，主要包括宅基地有偿使用市场化、农房抵押市场化、宅基地权能转让市场化。甘肃省陇西县制定基准地价和最低价，要求入市土地的地价公示。

现代信息技术也被试点地区纳入宅基地管理平台建设中去，江苏省常州市武进区搭建了"户有所居"保障数据库、农村不动产统一登记信息管理、宅基地动态监管和农村产权交易四大信息系统，为宅基地稳定改革和保障农民权益保驾护航。

（四）建设宅基地使用监管制度

宅基地制度改革事关农村土地利用、农民产权保护以及社会秩序稳定等公共利益多方面的内容。宅基地制度改革过程中的监管体系建设必不可少。在试点地区的实践中，浙江省德清县设立"四公开""四到场"的监管制度，并对违法违规予以查处和责任考核约谈问责。甘肃省陇西县成立农村产权交易监督管理委员，形成多部门监督机制。湖北省宜城市要求对有偿使用所获得的费用接受村民监督。

试点地区对宅基地改革中的监督既包括对人的监督也包括对事的监督，既有对改革过程的监督，亦有对结果的监督。而这样全面监督机制的构建可以规范宅基地改革过程中的行为，确保农民的合法权益不受侵犯，同时也可以避免资源浪费和促进农村土地的可持续使用。更为重要的是，在试点地区监督体系中强调农民参与监督，这既有利于对法律上农民主体地位的确认和保护，更有利于增加农民对宅基地改革进程的了解和参与，减少改革形成的纠纷，提升宅基地制度改革以及农村土地利用的透明度和公平性。

（五）关注农村居民居住保障

宅基地是中国农民居住保障和生产保障的基础所在。❶ 随着我国城市化建设的不断深入，农村宅基地所承载的居住保障价值逐渐减弱，这也成为宅基地制度改革的现实契机。然而，由于城乡居民居住保障初始情况的不一致，通过改革在打破城乡二元社会结构的同时，更要关注农村居民居住保障的问题。❷ 试点地区在进行宅基地制度改革时对农民居住保障予以考量。江苏省常州市武进区建立分区域、多样化的"户有所居"农房保障。山西省泽州县本集体经济组织成员退出后无宅基地的，可优先审批；退出承诺不再申请的，给予适当补助。湖南省浏阳市返乡农民可公开竞价取得宅基地使用权。陕西省西安市高陵区推出基础设施、公共配套全面的农村社区和城区集中安置区，供自愿进入城市安置区或农村新社区的群众自由选择。

通过改革让农民有了更好的居住保障是改革的最终目的，确保农村居民的住房权益得到保障是维护社会公平正义和保证改革稳步推进的重要内容。

二、宅基地"三权分置"明确提出后的制度探索

2018 年，"中央一号文件"提出"深入推进农村土地制度改革，完善宅基地制度，探索宅基地'三权分置'改革试点，创新发展农村集体经济"。根据"中央一号文件"中关于宅基地制度改革的表述可以看出，宅基地"三权分置"是接下来一个时期内中央政府在农村土地制度改革中的重要内容。宅基地"三权分置"将现行立法中关于宅基地所有权和使用权

---

❶ 刘守英：《土地制度变革与经济结构转型——对中国 40 年发展经验的一个经济解释》，《中国土地科学》2018 年第 1 期。

❷ 李尧：《社会主义土地制度之省思》，中国水利水电出版社 2011 年版，第 183 页。

"两权分离"的模式❶变成宅基地"所有权—资格权—使用权""三权分置"的政策提法，这在一定程度上凸显了改革的方向，表明在农村宅基地的使用中要将农户的身份权益和宅基地的财产权益分开，赋予农民更多的土地权益，以激发农民对土地的积极性和创造性。同时，城市化发展带来的人口流动等现象也对传统宅基地的使用带来了巨大冲击，宅基地"三权分置"在一定程度上为解决宅基地制度在农村发展中所面临的诸多问题提供了思路和方向，更为推动农村土地资源的优化配置和集约利用、促进农村经济的持续健康发展带来了新契机。

（一）宅基地"三权分置"的立法梳理

整体而言，各地在宅基地"三权分置"试点中多以政府发布规范性文件为主，立法行为极为少见。以"资格权"为关键词在"北大法宝"数据库进行法律法规检索后发现，截至 2024 年 3 月，省级地方性法规仅有 6 个，分别是天津市、上海市、浙江省、江西省、湖北省和贵州省，生效时间分别为：2020 年 1 个，2021 年 3 个，2022 年 1 个和 2023 年 1 个，具体内容见表 5。

表5　6个省级地方性法规一览表

时间	立法	内　容
2023 年 1 月 1 日实施	贵州省乡村振兴促进条例	第六十二条　保持农村土地承包关系稳定并长久不变。在依法保护集体土地所有权和农户承包权前提下，平等保护土地经营权。落实宅基地集体所有权，保障宅基地农户资格权和农民房屋财产权，适度放活宅基地和农民房屋使用权。允许进城落户的农村村民依法自愿有偿退出宅基地，鼓励农村集体经济组织及其成员依法利用闲置宅基地和闲置住宅。国土空间规划确定为工业、商业等经营性用途，并经依法登记的集体经营性建设用地，土地所有权人可以依法通过出让、出租等方式交由单位或者个人使用。农村集体经济组织在农民自愿前提下，可以依法将有偿收回的闲置宅基地、废弃的集体公益性建设用地转变为集体经营性建设用地入市。

---

❶ 应星：《农户、集体与国家——国家与农民关系的六十年变迁》，中国社会科学出版社 2014 年版，第 82 页。

时间	立法	内　容
2022 年 9 月 1 日施行	上海市乡村振兴促进条例	第六十二条　本市依法推进农村宅基地制度改革，落实宅基地集体所有权，保障宅基地农户资格权和农民房屋财产权，按照国家规定适度放活宅基地和农民房屋使用权。本市开展宅基地资格权认定、不动产登记颁证和宅基地统计管理工作。禁止违法违规买卖、利用宅基地。农村村民住宅建设依法落实"一户一宅"要求，严格执行规定的宅基地标准，不得随意改变，注意分户的合理性，做好与户籍管理的衔接，不得设立互为前置的申请条件。农村集体经济组织及其成员利用闲置宅基地和闲置农房发展乡村产业的，符合规定的宅基地上房屋可以登记作为市场主体的经营场所。
2021 年	浙江省土地管理条例	第五十六条　县级以上人民政府应当依法实施农村宅基地所有权、资格权、使用权分置改革，开展宅基地资格权人认定和登记工作，保障农村集体经济组织成员家庭作为宅基地资格权人依法享有的权益。乡镇人民政府应当建立宅基地审批管理台账。县级以上人民政府应组织农业农村、自然资源、住房城乡建设等部门和乡镇人民政府建立统一的宅基地管理数据库，归集国土空间规划、宅基地和住宅确权登记、危险住宅、宅基地审批等相关数据。
2021 年	天津市乡村振兴促进条例	第六十二条　本市依法推进农村宅基地制度改革，落实宅基地集体所有权，保障宅基地农户资格权和农民房屋财产权，按照国家规定适度放活宅基地和农民房屋使用权，禁止违法违规买卖、利用宅基地。
2021 年	江西省乡村振兴促进条例	第五十六条　各级人民政府应当依法保障农民建房用地需求，加强农村宅基地管理，严格控制新增宅基地占用农用地，禁止违法买卖宅基地。在自愿、有偿的前提下，鼓励农户向本集体经济组织内部符合宅基地申请条件的农户转让宅基地。各级人民政府应当深化农村宅基地制度改革，探索宅基地所有权、资格权、使用权分置实现形式，探索建立对增量宅基地集约有奖、存量宅基地退出有偿制度。农村宅基地上的房屋依法可以由具有城镇户籍的子女继承并按照规定办理不动产登记。
2020 年	湖北省乡村振兴促进条例	第六十条　探索农村宅基地"三权分置"，落实宅基地集体所有权，保障宅基地农户资格权和农民房屋财产权，适度放活宅基地和农民房屋使用权。进城落户的农民可以依法自愿有偿退出宅基地，鼓励农村集体经济组织及其成员依法利用闲置宅基地和闲置住宅。鼓励依法利用闲置住宅发展休闲农业、乡村旅游、餐饮民宿、文化体验、电子商务等新产业、新业态，以及农产品冷链、初加工、仓储等一、二、三产业融合发展项目。

（二）宅基地"三权分置"的立法评析

从表5所示的地方性法规中管窥当前宅基地"三权分置"立法情况可知，宅基地专门立法的时机尚未到来，综合性立法中规定宅基地制度改革的具体内容成为立法模式的首要选择。从内容上看，宅基地"三权分置"政策在立法中如何具体实现仍有待实践的检验，用"房屋财产权"实现当前放活宅基地使用的政策目标是权宜之计。

1. 专门的宅基地立法尚未成为地方立法的首要选择

从上面6个地方性法规来看，除浙江省关于宅基地"三权分置"的内容规定在专门的土地管理条例中之外，其他省份关于宅基地资格权的规定均在其乡村促进条例中予以规定。这其中有多种因素考量。

第一，从国家立法层面而言，宅基地立法并未像农地立法一般有专门立法予以规制，始终是以综合立法中的专门条款来体现。[1] 这和宅基地本身的特点有直接关系。一方面，宅基地是我国特有的农村土地制度，其肇始于中国特殊的城乡发展布局，其制度设立之初就是为了保障农村居民的居住权，其经济价值始终就不曾在立法的考量范围之内。这就决定了其制度的稳定性和简洁性，无须专门的立法对此予以规制。另一方面，由于农村地区在经济、社会、文化等方面的差异性极大，不同地区对宅基地的管理和利用需求也各不相同；"一刀切"的宅基地专门立法在一定程度上难以适应农村发展的动态变化和多元需求。而从地方立法层面而言，由于国家立法尚未形成关于宅基地的专门立法构架，虽然在地方已经开展了宅基地"三权分置"，但宅基地制度的改革仍需要综合考虑多种因素和利益关系[2]。在此基础上，地方通过综合性的立法来回应宅基地制度改革的问题似乎能更好地解决当前和一段时间内关于宅基地管理和改革规划的目的。

第二，地方性法规对宅基地"三权分置"改革的内容多在有关乡村振兴的立法中予以体现，这与宅基地改革农村的现实意义相一致。宅基地

---

[1] 向勇：《中国宅基地立法基本问题研究》，中国政法大学出版社2015年版，第248页。
[2] 向勇：《中国宅基地权利发展研究》，中国社会科学出版社2016年版，第86页。

"三权分置"改革的一个重要特征就是要放活宅基地的使用，提高农村土地利用效率，通过多种形式激发宅基地在农村发展中的活力。这为进一步推动乡村振兴战略的实施、为中国农村的可持续发展贡献了新的力量。具体而言，宅基地"三权分置"改革解绑了宅基地和农户的身份束缚，能够激发宅基地的经济属性，从而优化宅基地的使用和提高农村土地资源的利用效率。在这一过程中，宅基地通过流转和集约节约利用完成了最优配置，比如发展旅游业的农村可以利用宅基地上的房屋发展民宿等，进而推动农村经济的转型升级。在地方立法中，将宅基地制度改革放在乡村振兴立法中予以规定，是对当前农村发展现状和未来振兴方向的积极回应。各地方立法将宅基地制度改革纳入乡村振兴立法的举措，是推动农村土地制度改革和乡村振兴战略深入推进的重要举措，将为我国农村经济社会的全面发展注入新的动力和活力。

2. 宅基地"三权分置"在立法中尚未明确

在表 5 所示的 6 个地方性法规中，有关宅基地"三权分置"的规定有较强的原则性。而政策上"所有权—资格权—使用权"的提法只在浙江省和江西省的立法中有所体现，而其他 4 个地方立法中并没有使用政策上关于"宅基地使用权"的用法，采用的是"集体土地所有权—农户资格权—农民房屋使用权（财产权）"的表述。即使在江西省的法规中，原则上在体现政策"三权"的基础上，其在涉及继承等具体内容的时候依然选择了"农民房屋"权利的规定。不过该地方立法模式在当前具有现实性。

第一，如前文所述，国家层面尚未形成宅基地的专门立法，而政策中关于宅基地"三权分置"的内容也尚未在国家层面综合性土地立法中予以体现。[1] 上位法对该问题的立法空白使得"宅基地使用权"放活该如何具体实现仍然存在诸多的不确定性。但是房屋的所有权和使用权在立法上是明晰的，其流转和抵押等在立法上有较为完善的法律规定，因此，当前立法采用"房屋财产权"替代"宅基地使用权"既可以填补法律的空白，又能使实践具

---

[1] 史卫民，彭逸飞：《"三权分置"下宅基地资格权实现的法治保障》，《中国农业资源与区划》2023 年第 5 期。

有可操作性，从而降低基于法律上的不确定性给宅基地制度改革带来的阻碍。

第二，政策上"宅基地使用权"的放活在当前发展趋势下仍是以宅基地上房屋的存在为前提的。根据中央和地方改革政策的内容，宅基地使用对主体限制的解放主要是对宅基地上房屋的流转、经营性使用或城镇子女继承等现实问题的回应。❶ 如，《上海市乡村振兴促进条例》中规定："符合规定的宅基地上房屋可以登记作为市场主体的经营场所。"《湖北省乡村振兴条例》规定："鼓励依法利用闲置住宅发展休闲农业、乡村旅游、餐饮民宿、文化体验、电子商务等新产业、新业态，以及农产品冷链、初加工、仓储等一、二、三产业融合发展项目。"既然当前还不具备宅基地专项立法的时机，而以农民房屋财产权替代"宅基地使用权"既能够解决现实问题，又能够推进改革进程，那么，地方立法的此种尝试便不失为日后立法的一种探索。

总的来说，宅基地"三权分置"立法不是一蹴而就的，它需要综合各方面利益因素的考量。在当前试点改革的实践中，地方立法采用此种立法模式具有其合理性。

第二节　宅基地"三权分置"的实现机制分析

自 2015 年"三块地"试点改革到 2020 年中央全面深化改革委员会通过《深化农村宅基地制度改革试点方案》，2022 年《关于授权国务院在北京市昌平区等农村宅基地制度改革试点地区行政区域暂时调整实施有关法律规定的决定（草案）》，以及近年来几个"中央一号文件"对宅基地制度改革的强调，试点地区积极探索深化农村宅基地制度改革的方案，推进宅基地自愿有偿退出、宅基地"两权"抵押、闲置宅基地流转等，增加了农民财产性收入。❷ 同时，在推动宅基地改革的试点中也遭遇了不少阻碍，在一定程度上限制了宅基地改革试点的进程。

---

❶ 孟庆瑜，王耀华：《乡村振兴地方立法的文本检视与进路完善》，《北方法学》2023 年第 4 期。
❷ 黄贤金，汤爽爽：《"三块地"改革与农村土地权益实现研究》，南京大学出版社 2016 年版，第 116 页。

一、宅基地"三权分置"改革的内容

对宅基地"三权分置"的焦点在政策上主要体现在将现行立法中的宅基地使用权分置为宅基地资格权和宅基地使用权,对宅基地所有权的内容并没有改变。因此,在宅基地"三权分置"改革实践中,要做的事情就是对宅基地资格权的认定以及如何盘活宅基地使用权的内容。笔者通过调研以及对多地区地方规范性文件的查阅分析,总结实践中对宅基地资格权认定的方式以及盘活宅基地使用权的方式。

(一)宅基地资格权的认定

"资格"一词在汉语中表明个人或团体具备从事某项活动、享有某种权利的条件或资质。宅基地"三权分置"中将宅基地资格权单列是对现行立法中关于宅基地使用的福利性质的继续保持,根据政策主旨和当前改革的实际,宅基地权利依然主要应该由农民(农户)享有。[1] 宅基地资格权认定是农村宅基地改革中至关重要的一环。宅基地是农民的主要土地资源,直接关系到农民的生计和居住等基本问题。"有恒产者有恒心",宅基地资格权的认定在当前盘活宅基地使用的趋势下,可以确保农民的合法土地权益得到法律的确认和保障。[2] 一方面可以防止不法侵占,保障盘活过程中农民权益的实现;另一方面也可以减少土地纠纷和冲突,保证农村土地改革中农村社会秩序的稳定。在实践中,宅基地资格认定是宅基地"三权分置"改革的基础。各试点地区纷纷发布相关文件,要求尽快落实宅基地资格权的认定工作,但如何认定,大部分地区尚未出台明确的标准。

一般而言,本集体经济组织成员即被认定为具有宅基地资格权,如宁波市、嘉兴市、广州市从化区、广西壮族自治区覃塘区等地。上海市对宅基地资格权认定的标准是要求具有本地区"农业户籍 + 农村集体经济组织

---

[1] 刘俊杰:《宅基地资格权:权属定位、功能作用与实现路径》,《改革》2023 年第 6 期。
[2] 孙建伟:《宅基地资格权法定化的法理展开》,《法学》2023 年第 11 期。

成员"的双重要求。而新乡市虽未明确提出宅基地资格权的认定，但在宅基地申请中指明，主体为本村集体经济组织成员或户口在本村具有宅基地资格权的，将本集体经济组织成员和有本村户籍作为并列条件。以"社员"为标准认定宅基地资格权也是实践中常见的做法，如舟山市、德清县等。有些地方对宅基地资格权的认定仍停留在原则性规定层面，如赣州市提出"统筹考虑户籍关系和土地承包、居住情况、履行义务等因素"；湘西自治州人民政府发布指示性规定，"农村宅基地资格权的具体认定办法，由县（市）人民政府制定实施"❶；西安市亦是如此，在规范性文件中提出，"各区县政府、西咸新区及有关开发区管委会要积极开展农村宅基地资格权认定管理工作，制定《农村宅基地资格权认定管理办法（试行）》；农户宅基地资格权认定既要遵循农民群众生产、生活、居住等历史情况，也要实事求是、注重现实，尊重农民群众意见，不搞一刀切"❷。

对宅基地资格权认定工作规定得较为详细的当属广西壮族自治区贵港市的覃塘区。该地详细列出有资格权❸、保留资格权❹、丧失资格权❺、

---

❶ 2021年《湘西土家族苗族自治州农村住房建设管理办法》第18条。

❷ 2023年《西安市农村宅基地审批、管理、执法具体操作办法（试行）》。

❸ 《覃塘区农村宅基地资格权认定管理办法（试行）》第五条：符合下列情形之一的，享有宅基地资格权：（一）已登记在册的本集体经济组织成员。（二）父母双方都具有本集体经济组织成员资格，其所生的子女，自出生后自然享有本集体经济组织宅基地资格权；父母一方具有本集体经济组织宅基地资格权，其所生的子女，须经子女本人申请选择随父或随母。（三）因婚姻关系迁入新的集体经济组织后，并在新的集体经济组织生产、生活的人员。迁入一般应当登记迁入户籍，如果未登记迁入户籍，但已丧失原集体经济组织成员资格，并已成为新的家庭成员，应认定为享有新的集体经济组织宅基地资格权。（四）因被本集体经济组织成员依法收养落户的，并被收养人迁入新的集体经济组织的。（五）因政策性移民落户的。（六）符合法律、法规等有关规定的其他人员。

❹ 《覃塘区农村宅基地资格权认定管理办法（试行）》第六条：有下列情形之一的，保留其宅基地资格权：（一）因外出经商、务工、子女就学、服兵役等原因，非永久性离开本集体经济组织，且未曾自愿放弃其宅基地资格权的人员；（二）原户籍在集体经济组织的大中专院校在校学生；（三）原户籍在本集体经济组织的监狱服刑人员、社区矫正人员等；（四）离婚或丧偶，户籍未回迁的；（五）自愿退出全部宅基地，并与集体经济组织签署保留宅基地资格权的集体经济组织成员；（六）符合法律、法规等有关规定的其他人员。

❺ 《覃塘区农村宅基地资格权认定管理办法（试行）》第七条：有下列情形之一的，丧失其宅基地资格权：（一）死亡或被依法宣告死亡的；（二）不论其户籍是否在本集体经济组织，已取得其他集体经济组织宅基地资格权的；（三）被招录为国家公务员、全民所有制事业单位在编人员、军转干或在国有企业享受签约无期限劳动合同的在编人员，以及上述单位的离退休人员；（四）自愿有偿退出宅基地并签署《放弃申请宅基地承诺书》的人员；（五）因土地征收农转非人员，并进行了房屋和社保安置的人员；（六）符合法律、法规等有关规定的其他人员。

重新获得资格权❶、可以享有资格权❷，以及资格权不予认定❸的情形。浙江省在其省级地方性法规中详列了社员享有资格权或可以保留资格权的具体情形。❹ 德清县明确"村股份经济合作社社员宅基地资格权应当以'户'为单位认定登记，并以'户'为单位统一行使"，并在此基础上，详列了收回宅基地资格权的规定❺。如此详尽的规定保证了宅基地资格权

---

❶ 《覃塘区农村宅基地资格权认定管理办法（试行）》第八条：有下列情形之一的，可重新获得宅基地资格权：（一）因自然地质灾害导致房屋塌陷、损毁、灭失，需要重新安置的人员；（二）因新村建设、村庄整治等按照统一规划建设的，需要重新选址安置的；（三）因国家工程等公益性建设占用原宅基地未进行住房安置的；（四）符合法律、法规等有关规定的其他人员。

❷ 《覃塘区农村宅基地资格权认定管理办法（试行）》第九条：有下列情形之一的，经集体经济组织成员大会或成员代表会议审议通过，可享有宅基地资格权：（一）随出嫁女儿来本村落户的人员；（二）离婚或丧偶，户籍迁返原籍的。

❸ 《覃塘区农村宅基地资格权认定管理办法（试行）》第十条：有下列情形之一的，宅基地资格权不予认定：（一）户口在本村的"空挂户""挂靠户"人员不予认定；（二）在本村寄养、寄读人员不予认定；（三）农村集体经济组织认为不予认定的其他情况。

❹ 《浙江省村经济合作社组织条例》第十七条：户籍在本村，符合下列条件之一，且遵守村经济合作社章程的农村居民，为本村经济合作社社员：

（一）开始实行农村双层经营体制时原生产大队成员；

（二）父母双方或者一方为本村经济合作社社员的；

（三）与本社社员有合法婚姻关系落户的；

（四）因社员依法收养落户的；

（五）政策性移民落户的；

（六）符合法律、法规、规章、章程和国家、省有关规定的其他人员。

第十八条：因下列原因之一户籍关系迁出本村或者被注销的，应当保留社员资格：

（一）解放军、武警部队的现役义务兵和符合国家有关规定的初级士官；

（二）全日制大、中专学校的在校学生；

（三）被判处徒刑的服刑人员；

（四）符合法律、法规、规章、章程和国家、省有关规定的其他人员。

履行村经济合作社章程规定义务，经本社社员（代表）大会表决通过的，可以成为本社社员或者保留本社社员资格。

❺ 《德清县人民政府关于印发德清县农村宅基地管理办法（试行）的通知》第二十三条：经认定的宅基地资格权原则上不得收回，不得以退出宅基地资格权作为农民进城落户的条件。但有下列情形之一的，村股份经济合作社应当收回宅基地资格权：

（一）不再属于本村股份经济合作社社员的；

（二）经自愿申请退出宅基地资格权的；

（三）在其他集体经济组织已享受宅基地的；

（四）已享受过拆迁安置政策的；

（五）村股份经济合作社社员已享受过房改购房（含集资建房、住房补贴）、经济适用住房（含货币补贴）等住房政策的；

（六）其他不符合宅基地资格权的情形。

的认定工作有章可循。

整体而言，试点地区对宅基地资格权的认定仍以集体经济组织成员或本地区户籍为主要标准。同时，在详细的认定标准中可以看出，地方政府对公平价值的追求，实践中易产生争议的外嫁女、离异丧偶等的资格认定都予以明确。这为盘活宅基地的使用权奠定了重要基础。同时，在宅基地资格权认定中，各地亦坚持民主原则，保证农民的参与，如西安市明确"宅基地资格权认定的具体标准和条件必须经村民（代表）大会充分协商、民主决定，不能由少数人决定"。在城市化发展下，随着人口流动以及婚姻、入学等现实因素的不断变化，宅基地资格权的认定也不是一成不变的。考虑到此，覃塘区提出了宅基地资格权认定动态更新管理的工作原则。试点地区对宅基地资格权认定的探索，为今后立法中关于宅基地资格权的规定提供了思路和借鉴。

（二）宅基地的收回和退出

由于人口流动和转移，农村闲置、废弃的宅基地明显增多。而宅基地是非常珍贵的土地资源，闲置、废弃的宅基地无法得到有效利用是资源的浪费，对实现公平价值不利。农村宅基地"三权分置"改革要实现土地的流转和集约利用，有必要对低效利用的宅基地统一收回或要求退出。地方试点对宅基地退出和收回进行了探索。

第一，宅基地的收回包括有偿收回和无偿收回两种情形。一般情况下，因村公共设施和公益事业建设需要使用宅基地的采取有偿收回模式，如三亚市对此就予以明确规定。但是对于不按批准的用途使用宅基地的、村内无主的、绝亡户的、恶意强占多占的、建新不拆旧的、房屋坍塌且长期无人居住的、依法申请的宅基地在宅基地审批书规定期限届满未动工建设的等类型的宅基地则多采用无偿收回模式。这在三亚市、覃塘区、新乡市等的地方规范性文件中都有体现。从各试点宅基地收回的情形可以看出，宅基地收回主要是为了保证宅基地的利用以及避免当事人超出法定范围使用宅基地。宅基地低效、粗放式使用在农村较为普遍，通过宅基地收回可以提高宅基地的利用率。❶ 更为重要的是，大部分试点地区在宅基地收回后都作出了如何利用宅基地的制度安排。如宁波市鼓励有一定经济实力的村集体经济组织对闲置农房进行收储，统一经营和利用。

第二，宅基地退出在试点中一般分为有偿退出和无偿退出两种模式，以宅基地使用的合法与否作为衡量标准。以覃塘区为例，根据其地方规范性文件，违法违规建筑、闲置废弃畜禽舍、户外厕所、倒塌住房、影响村内道路及公共设施建设的院套围墙、"一户多宅"的多宅部分无偿退出宅基地；"一户多宅"的多宅部分符合规划的，鼓励通过协商在本农村集体经济组织内部符合建房条件的人员中流转，对无法流转但有退出愿望的可实行有偿退出宅基地使用权，鼓励进城落户的村民有偿退出宅基地使用权。❷ 但是需要注意的是，试点地区对于宅基地退出少有明确是永久退出还是暂时退出的区分。而宅基地退出即意味着农民在一定程度上失去了作为居住保障的土地权利，如果采取"一刀切"的不可逆退出模式会直接影响农户宅基地的退出意愿。基于此，海南省文昌市区以及覃塘区区分宅基地暂时和永久退出的办法则颇具借鉴意义。根据《文昌市农村宅基地有偿退出指导办法（试行）》第 20 条和第 21 条的规定，农户永久退出宅基地后办理宅基地使用权注销登记，宅基地使用权灭失；农户暂时退出宅基地使用权的，保留宅基地资格权，待暂时退出时间到期可以重新申请宅基地。覃塘区对已进城落户的村民无偿退出宅基地使用权，保留宅基地资格权，待有需要时可重新申请农村宅基地。这样的规定既给农户一颗"定心丸"，也在事实上较之于永久退出更符合宅基地"三权分置"的基本逻辑。

（三）宅基地使用权的盘活

全国各地在农村宅基地"三权分置"改革试点中提供了不同类型的、具有借鉴意义的盘活宅基地使用的实践路径。

第一，农户流转宅基地使用权和集体经济组织流转宅基地使用权双轨

---

❶ 宋志红：《宅基地征收向宅基地收回的"逃逸"及其规制》，《东方法学》2024 年第 1 期。
❷ 夏沁：《农户有偿退出宅基地的私法规范路径——以 2015 年以来宅基地有偿退出改革试点为对象》，《南京农业大学学报（社会科学版）》2023 年第 4 期。

制。在试点地区，宅基地使用权可以由农户直接流转，亦可以由集体经济组织对收回和退出的宅基地组织流转。[1]农户直接流转的如文昌市、德清县等都规定宅基地使用权人可以通过出租、入股等方式将宅基地使用权流转给本集体经济组织外的其他民事主体；三明市采取宅基地地票模式，由农户持地票自主选择以地换地、以地换房、以地换钱等交易方式。由集体经济组织流转的如三亚市集体经济组织可以采取自主经营、出租、入股或者其他符合有关法律和国家政策规定的方式流转宅基地经营权，并鼓励不同经济组织之间通过一定的方式促进宅基地的规模化、集约化利用，实现风险共担和收益共享；泰州市支持集体经济组织以出租、联营、入股等方式盘活利用空闲的农房及宅基地。覃塘区还创造性地提出了"发展未来村落"的构想，农户和集体经济组织共同入股[2]成立宅基地股份合作社（由农村集体经济组织自主管理或委托中介组织管理），允许宅基地股份合作社通过重新划分宅基地、建设村居公寓等形式，保障农户的居住需求；除法律、法规另有规定外的民事主体均可参与共享共建。

第二，宅基地使用权、宅基地上房屋财产权双抵押模式。2015 年以来，人民银行牵头在天津市蓟州区等 59 个县（市、区）开展农民住房财产权抵押贷款试点。农业农村部在《对十三届全国人大三次会议第 5359 号建议的答复摘要》中提到，农业农村部将会同有关部门结合新一轮农村宅基地制度改革试点，在防范风险、权属清晰和保证农民有稳定住所的前提下，探索赋予农民住房财产权（含宅基地使用权）抵押融资功能。鹰潭市、赣州市等地在其规范性文件中提到"双权"抵押的内容，德清县明确规定"宅基地使用权抵押的，其地上房屋一并抵押"。

第三，宅基地转化为集体经营性建设用地。贵州省湄潭县允许农户在经过集体经济组织同意且缴纳土地评估价值的 30% 的土地收益金、受让方缴纳相关税费后，可将受让的部分房屋所有权和相应的土地使用权登记为综合类集体建设用地。三亚市规定农村集体经济组织依法履行审批手续

---

[1] 张勇，周丽：《农村宅基地多元盘活利用中的农民权益实现》，《中州学刊》2021 年第 4 期。
[2] 农户以宅基地使用权、农房所有权及农户土地经营权入股，农村集体经济组织以资产资金资源入股，组成自愿联合、民主管理的合作经济组织。

后，可以盘活利用闲置宅基地转变为集体经营性建设用地。

第四，允许社会主体租赁宅基地（农房）进行经营活动。四川省崇州市 2018 年开始就允许集体经济组织以外的社会主体租赁农民闲置宅基地（农房）发展民宿、餐饮等项目，并为承租方办理租赁使用权证和为出租农户办理宅基地资格权证，为消除双方疑虑和担心提供有法律效力的凭证。覃塘区允许社会主体承租宅基地用于创新创业，发展乡村旅游、民宿、创意、文化等产业，也可用于个人休闲、居住、养老等用途；引导有实力、有意愿、有责任的社会主体有序参与农村宅基地盘活利用工作。❶德清县、安吉县也做出了类似的尝试。

第五，因地制宜盘活宅基地使用。各个试点地区在盘活宅基地使用中寻求不同的发展模式，因地制宜提出与当地人文、地理、社会相匹配的创新路径，满足不同的农村社会发展需要。洛阳市孟津区南石山村利用其唐三彩工艺优势，促进了当地的产业发展，成为"全国乡村特色产业亿元村"。❷ 新乡市提出，闲置宅基地可建成果园、菜园、花园、文化广场、村庄景观，闲置住宅可建成村史馆、图书室、活动室等村民活动场所，倡导利用有价值的闲置住宅发展文化旅游和开展农事体验活动等。覃塘区一方面提出就地利用宅基地，利用村头巷尾、房前屋后的零星农村宅基地打造小菜园、小果园、小花园、小公园、小乐园等小生态板块，与农村人居环境整治工作统筹推进；另一方面，注重保护利用，对具备文化特色、民俗风韵的闲置建筑物通过建设博物馆、农耕馆、创作室、纪念馆等乡村文化基地适度开发利用；此外，还建设公共设施，发展村民广场、文化活动中心、养老公寓、集中养殖地等公益事业；另外，还大力鼓励农村闲置宅基地与存量建设用地结合利用，发展农产品加工、木材加工、休闲农业、乡村旅游、物流仓储、农产品冷链、农村电商、文化体验、创意办公等符合国家产业政策的新产业、新业态，以及家庭工场、手工作坊、乡村车间、产地批发市场、产业园等一、二、三产业融合发展项目。在宅基地改革的

---

❶ 刘凯湘：《法定租赁权对农村宅基地制度改革的意义与构想》，《法学论坛》2010 年第 1 期。

❷ 林森，高许花，张鑫：《洛阳市孟津区"3343"宅基地改革机制探究》，《河南农业》2024 年第 3 期。

多个试点中，虽然各地注重因地制宜，结合当地特色盘活宅基地使用。但是，就整体而言，农村宅基地的地理位置决定了田园产业发展成为各地的首选和主要盘活利用方式。上海市松江区、安徽省金寨县以及广西壮族自治区北流市因其地理位置和资源禀赋不同而有显著区别，但是这三个地方在盘活宅基地使用、发展乡村产业的时候却一致地选择了"田园产业"。上海市松江区统一打造颇具江南特色的郊野村庄，农村住房保留了传统建筑的风貌；安徽省金寨县在交通便利的地方统一规划、打造特色田园小镇；广西壮族自治区北流市则结合当地的乡村风貌打造"北线田园综合体"。

各地在盘活宅基地使用的过程中，对农民主体地位予以肯定，如新乡市在盘活闲置宅基地的过程中明确"充分尊重村民意愿"的前提。德清县建立农村宅基地民主管理决策机制，民主决策后所作出的决定应当在"村务公开栏"进行公示。当前改革政策允许地方试点突破现行立法对宅基地的用途管制，在政策允许的范围内进行经营活动，这是我国农村宅基地制度改革的重大内容。盘活宅基地为闲置宅基地和闲置农房的使用提供了发展空间，更为发展农村经济和增加农民收入开辟了新的渠道。而且在改革试点中，各地严格遵守中央政策的要求，特别强调严禁下乡利用农村宅基地建设别墅大院和私人会所，严禁以"特色田园乡村"为名开发房地产。这对保护农民的合法权益具有重要意义。但是，实践对政策中提出的"宅基地使用权"的权利属性以及如何表述都提出了要求，值得在实践中继续探索宅基地"三权分置"的立法模式。

二、宅基地"三权分置"改革的障碍

在宅基地退出流转和"三权分置"改革过程中，宅基地的地理位置和农村土地资源状况、农户经济发展水平、风俗习惯、农民主观认识、对未来的预期以及行政管理力度等，都会影响改革探路的效果。❶

---

❶ 杨亚楠，陈利根，龙开胜：《中西部地区农村宅基地闲置的影响因素分析——基于河南、甘肃的实证研究》，《经济体制改革》2014年第2期。

（一）历史遗留问题待解决

纵观我国对宅基地的管理制度可以看出，宅基地的使用具有明显的福利和保障性质。《土地管理法》明确规定农村"一户一宅、面积法定"，然而，实践对此的突破却并不鲜见。农村"一户多宅"的情况在各地普遍存在，主要是由继承、受让、赠与等原因形成。另外，《土地管理法》中对占用农地建房要求按照规定办理审批手续，但是在实践中未批先建、不批挤占的案例比比皆是。笔者在调研时发现，越是交通便利、距离县城较近的地方，占用农用地建房的现象就越突出；在农村，"一户多房"甚至成为乡邻羡慕的对象。而根据当时的国家土地管理局下发的《确定土地所有权和使用权的若干规定》，"空闲或房屋坍塌、拆除两年以上未恢复使用的宅基地，不确定土地使用权"。这一规定表明，宅基地闲置两年即丧失宅基地使用权。目前农村少有获得宅基地使用权 2 年以上未建的情况，宅基地的闲置主要表现为空置（房屋虽未坍塌、拆除，但无人居住）。造成这种情况的原因主要是"一户多宅"和"一户多房"，此外还有求学就业、异地搬迁等情况。这种情况虽与该部门规章文本表述有所不同，但通过目的解释"空置现状"亦已违背该法精神。在授权试点的地区中基本上都存在上述问题，宅基地管理中"多、大、空、杂、违、乱"的现象都成为改革试点中亟须解决的问题。

这些问题多是早期就已经形成并长期持续存在，或者是历史遗留等原因导致，而不管是占用农地形成的"一户多房"或面积超标，还是基于合法原因形成的"一户多宅"的闲置问题，在实践中都缺乏相应的法律责任追究机制甚至无人问津，违法成本低到几乎为零，这导致违法行为并未被遏制反而有愈演愈烈之势。尤其是很多地区早在多年前就已经停止了新增宅基地的审批工作，农村有些农户仅有的住宅却是建在违法占用的土地之上，从公平角度出发，他们理应获得合法宅基地使用，结果却因违法占用而被追责，这显然有悖于农民的基本认知。而且在实践中宅基地改变用途的情况难以界定，由于宅基地审批记录不完整而导致的挤占、超占无法确

定等问题给清理工作带来了极大的困难。❶

上述现象是当前农村宅基地改革中最为棘手的问题，宅基地"三权分置"改革既要放活宅基地的使用，也要维护公平价值和农村秩序的稳定。解决上述问题成为宅基地"三权分置"改革的前置行为。

（二）"双权"抵押贷款难度大

鉴于实践中存在的"一户多宅"、挤占农田、空置等宅基地使用中存在的问题，宅基地管理制度改革的一项重要内容就是探索"宅基地有偿退出"。在各个试点地区的实践中，虽然有偿使用和有偿退出联合推进，对于"多占""超占""一户多宅"以及转变用途等情形制定了具体的有偿使用制度（如安徽省金寨县、江西省余江县、云南省大理市等的分类阶梯式收费方式；浙江省义乌市以公开竞争方式有偿选位宅基地），但是鉴于上述清理工作的难度，即使制定了完备的有偿使用制度，但在实践中推行还是存在较大的障碍。另外，试点地区诸如江苏省常州市武进区、浙江省义乌市、福建省晋江市、吉林省长春市九台区、江西省余江县、湖北省宜城市、重庆市大足区、云南省大理市、陕西省西安市高陵区、青海省湟源县、江西省鹰潭市、江西省赣州市、浙江省德清县等地都已经开展了宅基地和农房的"双权"抵押贷款，但是如集体经营性建设用地使用权抵押贷款中存在的问题一样，由于缺乏相应的制度保障以及市场化程度不高，所以很多金融机构尚未对农村宅基地和农房开放贷款。

有偿使用制度建立但并未真正发挥作用，集体建设用地的抵押贷款也没有得到有效的开展，根据学者的研究成果，我国农业税和"三提五统"取消之后，农村集体经济组织就丧失了固定的经济来源，❷ 甚至产生了"负债"❸。这就意味着对农村集体而言，尚未形成良好的资金储备和宅基地回购体系。即使有农户愿意退出宅基地，农民集体也由于回购资金存在

---

❶ 向勇：《中国宅基地权利发展研究》，中国社会科学出版社 2016 年版，第 204 页。

❷ 张广辉，张建：《宅基地"三权分置"改革与农民收入增长》，《改革》2021 年第 10 期。

❸ 惠建利：《乡村振兴背景下农村闲置宅基地和闲置住宅盘活利用的实践考察及立法回应》，《北京联合大学学报（人文社会科学版）》，2022 年第 20 期。

较大障碍而难以尽快推行。而且宅基地收储以后，将其复垦的费用也非常高，即使有少量的有偿使用费，但收储复垦的成本远大于宅基地有偿使用的费用。在宅基地收储入不敷出、资金严重困难的情况下，宅基地的有偿退出存在难以克服的现实问题，严重阻碍了有偿退出的推进，乃至农村宅基地的整理。

此外，我国宅基地使用采取"一户一宅，面积法定"政策，宅基地面积有限且分布零散，难以形成产业化发展模式，这就导致宅基地价值难以提高。而且越是偏远的地区，其宅基地零散状态就越明显，被问津的可能性就越低。笔者在农村调研中发现，山区农户的住宅分布极为分散，而且随着人口的外流，受地理区位限制，不少宅基地最后会处于闲置状态且不具有开发价值，而难以实现"三权分置"政策下宅基地财产属性的激发。

在此基础上，盘活宅基地使用的市场很难形成。因为市场的形成与人口流量、交通条件、产业优势、自然资源、人文景观等密切相关。农村产业园区数量不足，缺乏青年人参与农村经济社会发展建设。市场打造难以成行，运行机制就无从谈起。即使推动了农民参与意愿，也难以完成交易。而且很多试点地区尚未构建起宅基地价值评估体系，这就导致对宅基地的价值没有一个衡量和评价的标准和定价机制。而抵押贷款是以宅基地价值确认为基础的，宅基地估价体系的缺失导致通过宅基地使用权融资难以实现政策预期的效果。

（三）盘活宅基地使用中农民参与不足

宅基地于农民而言是非常重要的财产内容，且盘活宅基地使用的改革尚未形成深入影响和系统性制度，农民对"三权分置"后的宅基地流转向何方，以及流转收益如何分配等还未形成明确的认知，加之传统文化以及社会关系的影响，盘活宅基地使用的改革在农民中间的接受度仍比较低，这是阻碍宅基地"三权分置"、提高农村土地资源高效配置的重要问题。

第一，农民对土地收益的担心导致其不愿参与。从试点地区的制度建设和实践成果来看，对盘活宅基地产生的收益如何分配还没有一个明确的标准。但是对农民而言，由于只享有宅基地的使用权而非所有权，这就导致一些农民可能担心一旦将宅基地流转出去，就会失去可以长期、免费使用的土地；加之改革进行得如火如荼，未来土地的价值如何农民不敢估量，将宅基地流转之后就将失去土地收益增值的可能性，农民自然不愿意承担此种风险。当然，由于城乡在就业、教育、医疗等社会保障方面的接轨尚未完成，农民可能担心宅基地流转后无法保证自己和家人的生计和生活水平。宅基地退出、流转后，农民后期保障不足的忧虑也直接影响其不愿意参与到盘活宅基地的使用改革中去。

第二，农民意见不统一加大了流转难度。随着城市化发展，传统农民已经分化为专业农民、兼业农民和离农农民三种不同的类型。不同类型农民对农村宅基地的不同需求度直接影响了其流转意愿的强度。离农农民更愿意通过盘活宅基地的利用来增加其财产性收入，而专业农民主要生活在农村，他们对宅基地的需求较大。面对由集体经济组织统一组织的流转，不同人群自然表现出不同的态度。农民在宅基地流转政策执行过程中的意见不统一导致政策实行难度增加。加之有些地方政府在政策宣传和解释上存在不足，农民不理解宅基地流转的程序、效果、风险以及收益等情况，导致一些农民对政策的理解不透彻或存在误解，影响了其参与意愿。

第三，传统观念对盘活宅基地使用的桎梏。在农村，土地是一代又一代人的根基和血脉，宅基地不仅承载了农村居民的住房保障，还连接着几代人之间的情感。尤其农村祖宅更是祖辈人的心血和精神寄托。将宅基地上的房屋出租、抵押等无法实现家族的连续性和传承等观念。更为重要的是，在不少地区的农村习俗中，祖宅的位置、朝向乃至于布局等都是在风水的基础上设计的。他们相信祖宅的存在直接关系到家族长安以及子孙后代的前途等问题。基于当前宅基地改革政策，宅基地退出、改建或者是改变原来的用途、布局等都有可能破坏原来护佑家族的上好风水。此外，由于现在农村居住的大多是老年人，他们对传统的生活模式有着深厚的认同感，盘活宅基地使用、利用宅基地上房屋开展经营性活动于他们而言有太多的不确定因素，所以他们是无法接受的。❶ 传统观念影响下的农民更倾

---

❶ 华生：《新土改：土地制度改革焦点难点辨析》，东方出版社 2015 年版，第 314 页。

向于保持原来的生活、生产方式，这成为阻碍农村宅基地盘活使用的一个重要因素。

（四）宅基地上权利属性不明

在理论和实践中，政策上关于宅基地"三权分置"后宅基地资格权和宅基地使用权的法律属性为何，仍在探索中。而这种理论上权利属性的不明晰也让人怀疑"三权分置"实践的推进是否符合改革的初衷，因此这成为宅基地改革中一个必须解决的问题。

从理论上讲，所有权是农民集体所有权，是《民法典》上的物权，这一点没有分歧。存在较大争议的是"资格权"和"使用权"，理论上大体可以概括为两种方案。第一种方案认为，"资格权"即为现行立法中的"宅基地使用权"，通过一定的形式向非集体经济组织成员的第三方流转形成新的债权性"宅基地使用权"。这一构造其实只须进行新的立法即可解决，主体间流转按照《民法典》"合同篇"中租赁合同的规定即可完成。中央和地方文件中均已有允许非农户利用宅基地进行经营性活动的规定。❶第二种方案认为，"资格权"为现行立法中的"宅基地使用权"，再通过立法将政策上的"宅基地使用权"规定为现行立法中"宅基地使用权"的次级用益物权，参照农地"三权分置"后的土地经营权设立"宅基地经营权"❷。第一种方案难以保证第三方的权益，既不能主张物权请求权，又不能再行抵押，难以维持和实现宅基地改革的可持续性。第二种方案克服了第一种方案的缺点，但在实践中又产生新的问题。

在实践中，不少地方的集体经济组织引导农民退出宅基地后，通过对受让方颁发房屋所有权和集体建设用地使用权证书而事实上将宅基地转化

---

❶ 中央层面如2019年《中央农村工作领导小组办公室、农业农村部关于进一步加强农村宅基地管理的通知》中规定："鼓励村集体和农民盘活利用闲置宅基地和闲置住宅，通过自主经营、合作经营、委托经营等方式，依法依规发展农家乐、民宿、乡村旅游等。城镇居民、工商资本等租赁农房居住或开展经营的，要严格遵守合同法的规定，租赁合同的期限不得超过二十年。合同到期后，双方可以另行约定。"地方层面亦有类似的规定，如桂林市叠彩区。

❷ 宋志红：《乡村振兴背景下的宅基地权利制度重构》，《法学研究》2019年第3期。

为集体经营性建设用地;❶ 或者集体经济组织审批后,可以将宅基地转化为集体经营性建设用地。这一方面不利于宅基地的保护;另一方面,宅基地转化为集体经营性建设用地后仍需符合入市条件方可使用。这样的操作既无制度创新又不符合宅基地改革初衷。

(五) 宅基地权利主体混乱

权利主体明晰是产权交易的重要前提。宅基地"三权分置"的改革主旨在于激活宅基地的使用,宅基地上权利的流动就成为改革的重要内容。然而,在当前的实践中,宅基地上的权利主体混乱成为改革的重要障碍。宅基地上权利确权登记迫在眉睫。

第一,基于历史原因形成的宅基地权利模糊。在中国农村土地改革之前,尤其是农村集体土地入社以前,宅基地及其上的房屋属于私人产权。❷即使是宅基地所有权归集体所有之后,农民也在一定程度上形成了宅基地私人所有的感性认知。加之一个农户多个儿子分户后对宅基地又各自形成了新的权利认知体系。宅基地确权登记尚未全部完成,宅基地上的权利主体不明问题依然存在。

第二,人口流动形成的宅基地权利主体不合法。随着城市化推进,务工、婚姻、上学等因素带来了全国范围内人口的流动。原来以"户"为单位申请的宅基地在人口外嫁、上学迁户等之后,原来"户"的人口构成发生变化。如果出现离婚或者返乡等情况,那么原来宅基地上的权利就变得更加复杂起来。另外,家庭继承是另一个导致宅基地权利主体不明的因素。在农村宅基地改革以前,宅基地往往通过继承实现使用权的转移,但是如果基于继承已经转移了使用权但是并没有登记,就可能产生多人主张权利的情形;如果是非本集体经济组织成员基于继承而获得宅基地上房屋

❶ Arnold C A. The Structure of the Land Use Regulatory System in the United States Proceedings from the Symposium on the Law and Policy of Ecosystem Services, Journal of Land Use & Environmental Law, 2006, 22 (2): 441 - 524.

❷ 乔陆印:《农村宅基地制度改革的理论逻辑与深化路径——基于农民权益的分析视角》,《农业经济问题》2022 年第 3 期。

所有权，那么根据现行立法仍不合法享有宅基地使用权，就会出现地权和房权主体分离的情况。

第三，非法占用导致的宅基地权利主体无法确认。如前所述，实践中农村非法占用耕地或其他类型土地建宅，以及超占、一户多宅等情形颇为多见，而目前立法尚未规范此类土地使用。这就导致非法占用土地的土地权利人无法在法律上予以明确。

第四，宅基地所有权的行使主体不明。根据《宪法》《土地管理法》《民法典》等相关立法的规定，宅基地的所有权主体是农民集体。但"农民集体"并非一个法律上的概念，更不是一个具有法律主体资格的存在。这就使得宅基地所有权主体难以落到实处。正因为此，理论界衍生出三种不同的观点：第一种认为，农民集体是集体土地所有权人，"从风险防范角度出发，认为以农村集体经济组织为所有权人，将承担集体资产作为法人责任财产被转让的风险；从实证法角度来看，现行法规定农民集体是所有权主体具有明确性和特定性，且村民集体是客观存在的"[1]。第二种观点认为："集体经济组织是农民集体的代表，不是所有权主体。"[2] 第三种观点认为："农村集体经济组织应当为部分集体资产（集体经营性资产）的权利主体，而不仅仅是集体资产管理主体。"[3] 理论上的争议落到实践中就成为所有权主体无法明确的缘由。而实践中多有基于所有权行使而产生的盘活宅基地使用的需求。

上述四种情况导致宅基地上权利主体不明的问题对当前农村宅基地改革产生了负面影响。目前改革对明晰产权交易的需求需要对宅基地上的权利主体尽快在法律上寻得依据。只有这样，才能积极推进宅基地的盘活，避免土地资源的闲置和浪费，激发农民的主动性和积极性。

---

[1] 姜红利，宋宗宇：《集体土地所有权归属主体的实践样态与规范解释》，《中国农村观察》2017 年第 6 期。

[2] 管洪彦：《农村集体经济组织法人立法的现实基础与未来进路》，《甘肃政法学院学报》2018 年第 1 期。

[3] 陶钟太朗，沈冬军：《论农村集体经济组织特别法人》，《中国土地科学》2018 年第 5 期。

第三章 宅基地"三权分置"的立法建构

从目前发展而言，宅基地"三权分置"已经在政策上和实践中日趋成熟，只是立法层面还迟迟没有明确。其中具体的法律问题尚未厘清，不可谓不是一个现实阻碍。农村土地制度本是《民法典》中的重要内容，宅基地制度又是农村土地制度中的一项重要制度，理应在立法上予以回应。宅基地"三权分置"的立法其实就是确认各主体具体权利及内容的过程。而"确认主体的应有权利的过程，是立法者有意识地通过自己有目的的对象性活动而表述应有权利、使之获得法律形式的过程"❶。宅基地立法建构旨在使得政策和实践中已有的"三权"获得法律上的形式。

第一节 宅基地"三权分置"的法理基础

宅基地"三权分置"的制度设计具有理论支撑。宅基地农民集体所有是我国《宪法》的规定，符合中国社会主义公有制的内容，是社会主义土地理论的具体体现。在现阶段，宅基地依然是农民居住保障的重要载体，完全解绑宅基地与农户之间的身份关系还不具有现实可行性。宅基地"三权分置"的主旨在于放活宅基地的使用以增加农民的财产性收入，马克思主义地租理论、土地发展权理论和共享发展成果理论对当前我国宅基地"三权分置"改革具有重要的指导作用。

---

❶ 公丕祥：《论权利的确认》，《法律科学》1989 年第 3 期。

一、马克思主义地租理论

西方古典经济学家的代表人物威廉·配第、亚当·斯密、大卫·李嘉图等都对地租理论的形成作出了极大贡献。马克思和恩格斯在批判和继承的基础上，在《资本论》一书中集中论述了地租的形成及变动，创建了马克思主义地租理论。马克思认为，"地租是土地所有权在经济上的实现形式"❶，"资本主义生产方式的巨大成果之一是……它一方面使土地所有权从统治和从属的关系下完全解脱出来，另一方面又使作为劳动条件的土地同土地所有权和土地所有者完全分离，土地对土地所有者来说只代表一定的货币税，这是他凭他的垄断权，从产业资本家即租地农场主那里征收来的"❷。可见，地租产生的原因是土地所有权和土地使用权的分离，是产权分离的结果。

按照马克思的地租理论，土地所有权主体对地租的占有实际上是其土地所有权在经济上的实现，如果"租地农场主不支付地租……意味着土地所有权被抽象掉，土地所有权被废除"❸。也就是说，"土地所有权本身已经产生地租"❹。这里表达了一个一体两面的重要内容：一是地租的占有是以某些个人对土地的所有权为前提的，没有所有权就没有地租；二是地租是所有权的经济表现形式，权利人获得地租是对其所有权的实现。这就是马克思所谓绝对地租的形成。土地的使用不是无偿的，土地使用者支付地租是其使用土地的代价。也就是说，只要土地所有权存在，绝对地租就存在，即使在社会主义国家也是如此。

在我国，现行立法虽然消除了土地私有制，但是并没有消灭土地的所有权，这就意味着地租在我国依然是存在的。而在我国现行土地制度下，土地所有权和使用权的分离，为地租的现实存在提供了社会条件；而"三权分置"的提出更是马克思主义地租理论进一步体现的基础。恩格斯也曾指

---

❶ 马克思，恩格斯：《马克思恩格斯全集》第42卷，人民出版社1979年版，第267页。
❷ 马克思：《资本论》（第3卷），人民出版社2004年版，第696–697页。
❸ 马克思：《资本论》（第3卷），人民出版社2004年版，第849页。
❹ 马克思：《资本论》（第3卷），人民出版社2004年版，第854页。

出:"消灭地产并不是消灭地租,而是把地租——虽然形式发生变化——转交给社会。所以,由劳动人民实际占有全部劳动工具,决不排除保存租赁关系。"❶ 因此,根据马克思主义地租理论并结合我国农村土地立法,农村土地的绝对地租应该属于农民集体所有。不过需要注意的是,在我国农村,农户申请到宅基地后长期而免费地享有宅基地使用权。宅基地上所有权、资格权和使用权的"三权"分离在政策层面确认了与我国农村土地所有权相对应的地租的明显化。我国立法上承认农户对宅基地的长期使用权,这在一定程度上使得农民宅基地上的权利成为一项"类所有权"。那么,在资格权和使用权相分离的基础上,农民基于成员身份所享有的"资格权"也相应地会产生类似的绝对地租。因此,根据马克思主义地租理论,该部分地租应归农户所有。立法应对宅基地上的"三权分置"予以明确,从而使农民的这部分收益获得法律上的确认和保护,让农民能够在放活宅基地使用中充分运用地租这一经济实现形式,让其享有的土地使用权真正成为一项具有经济价值的权利内容,在土地流转中获得其利益的实现。

地租是土地所有者根据土地所有权而获得的收益。从质的角度讲,地租的多少与土地的利用并没有直接的关系,只要存在土地产权之间的流通,就能产生地租;从量的角度讲,地租却与土地的利用直接相关,不同的土地利用会影响土地的产出价值进而影响土地用途的转换。马克思论述了根据地租形成条件和原因的不同而产生的级差地租。他指出,所谓"级差地租实质上终究只是投在土地上的等量资本所具有的不同生产率的结果"❷,并将其划分为级差地租Ⅰ和级差地租Ⅱ。其中,级差地租Ⅰ是由土地自身的质量来决定的;级差地租Ⅱ是从对同一块土地追加投资、提高劳动生产率所产生的超额利润转化而来的。

宅基地"三权分置"后,宅基地上的权利(政策中的"使用权")可以通过流转等形式由非集体经济组织成员享有。在土地流转中,受让方为了获得土地使用权需要支付一定的代价,即使出让方获得的收益,而这代

❶ 马克思,恩格斯:《马克思恩格斯选集(第3卷)》,人民出版社1995年版,第217页。
❷ 马克思,恩格斯:《马克思恩格斯全集(第25卷)》,人民出版社1974年版,第759页。

价我们将之称为土地流转对价❶。引入到马克思主义地租理论之中，在土地流转中，级差地租Ⅰ并非通过劳动获得，应归国家所有，这是生产资料全民所有的必然要求。对于级差地租Ⅱ，事实上"投入土地的较长期的，即经过较长时间才损耗尽的固定资本，也大部分是，而在某些领域完全是由租地农场主投入的。但是，契约规定的租期一满，在土地上实行的各种改良，就要作为实体的即土地的不可分离的偶性，变为土地所有者的财产"❷。在宅基地上，这一部分投入往往表现为房屋等建筑的投入，租期结束后是不能转化为货币收入为投入者所有的，最终只能归原土地流出方（农户或集体）所有。当他将土地转租给下一个经营者时，即可通过提高地租的形式获得货币收入，从而转化为马克思所说的级差地租Ⅱ。综上可见，马克思主义的级差地租理论对我国放活宅基地使用后的分配具有重要的指导作用。

概言之，我国宅基地制度的改革与新的制度建构需要马克思主义地租理论的指导。为了在放活宅基地使用中保护农民的土地权益，我们既需要一套设计良好的宅基地"三权分置"后的运行机制，又要确保农民土地收益的获得。在这一时期，我国的土地立法应结合这一理论并与时俱进，适应发展的需要。

二、土地发展权理论

土地产权从来就不是纯粹的私人产权，土地所有权也不是所有者可以无限制地使用土地并获得其理想中最大收益的权利。土地所有权不仅是一项财产权利，同时还包含社会义务，这种义务在中外立法中都有体现。这就决定了土地的利用与限制之间密不可分的关系。而现代法治国家对土地

---

❶ 对价（consideration）原本是英、美《合同法》中的重要概念，其内涵是一方为换取另一方做某事的承诺而向另一方支付的金钱代价或其他代价。据此，我国农村土地流转的对价指的是土地流转的受让方为了获得土地承包经营权而付出的代价，这代价的受益人是出让方（农户）。参见：钟君，孟心炜，虞慧平：《马克思地租理论对我国农村土地流转的启示》，《吉林农业》2011年第3期。

❷ 马克思，恩格斯：《马克思恩格斯文集（第7卷）》，人民出版社2009年版，第699页。

所有权的限制源自国家对土地的管理和控制。

(一) 国家管制与土地发展权的形成

土地管理制度不是先天而生的。"城乡规划本身不是目的,而是确保可用土地依据社会整体利益得到最佳使用的工具。它本质上就不可能是静态的。它必须随着其所应服务的社会的变化而演进。"[1] 英国是世界上最早建立土地管理制度的国家,是为了解决工业化和城市化高速发展所带来的土地无序利用的问题。土地发展权因时代的发展而来,当前我国集体土地用途改变和提高利用率与城市化的推进不可分离。城市化在外部表现形式上主要体现为土地的城市扩张和人口的城市聚集两个方面。虽然我国在立法中始终没有明确"土地发展权"这一概念,但"土地发展(开发)权是通过改变土地用途或提高土地利用强度对土地利用的权利"在中外学界和实务部门基本达成共识。存在分歧的是土地发展权的权源为何,进而引发了土地增值收益"归公"还是"归私"[2] 的讨论。

学界持"土地发展权源自于土地所有权"观点的不在少数,更有学者指出,源自土地所有权的土地发展权"因国家土地用途管制和城乡规划权等公权力的规制而凸显,进而成为法律实践上亟须予以规制的法学命题"[3]。然而需要注意的是,土地所有权是私法领域的权利,包含占有、使用、收益和处分的权能。这些权能的实现都被限定在已经确定的用途和强度范围之内。也就是说,土地所有权无法支持土地所有者突破现有状态去实现土地发展权所要求的改变土地用途或提高土地利用强度去利用土地。那么,土地发展权源于土地所有权就存在基本的逻辑悖论。从历史发展看,"在高速城市化和工业化进程中,在土地问题上,仅凭私人和市场根本无法达到最优结果"[4]。即使是英国这样的允许土地私人所有的国家,在

---

[1] Expert Committee on Compensation and Betterment: Final Report (H. M. S. O.), 1942, 12.
[2] 此处的"归私"的"私主体"是指私法上的所有权主体,而非个人。
[3] 孙建伟:《土地开发权应作为一项独立的财产权》,《东方法学》2018 年第 5 期。
[4] 彭錞:《土地发展权与土地增值收益分配——中国问题与英国经验》,《中外法学》2016年第 6 期。

土地发展的问题上依然绕不开国家对土地的管制。作为土地发展权起源的1942年《厄斯瓦特报告》中就提出:"社会生产组织越复杂,(政府)代表公众对土地利用的控制就应越发达。"❶从经验角度也确实如此,英国土地开发在20世纪中期以前采取"私人主导、市场调配、个人自由、政府例外"的模式。20世纪中期以后发生了根本性改变,土地利用进入公共政策领域,土地问题进入国家管制时代,政府管制成为土地开发利用的前提,个人自由则成为例外。同样,"美国是最强调土地私有制的,(但)无论农村人还是城市人都没有开发权"❷。

之所以土地所有权权能的实现会受到土地已有利用状态的限制,就在于土地财产权的社会义务。古典自由主义关于"财产权绝对"的观念在于体现新兴资产阶级的诉求,即"确立一种能够使得个体摆脱人身性约束的关系,成为自由的个体,使得以土地为核心的物质财富,能够以最简单和自由的方式作为市场要素,进行自由的流转,允许个体能够拥有最大限度的自由,去进行营业上的自由竞争"❸。但事实上根本"不存在什么绝对的所有权,也就是那种不考虑社会利益的所有权"❹。正如《魏玛宪法》中"所有权负有义务,财产权的行使要以公共福祉为目的"所规定的那样,"土地资源在某种程度上是一种具有利益外溢性的公共物品,能够为社会带来巨大的外部利益"❺。土地利用过程中为了维护粮食安全、健康、环保、审美等公共利益和克服土地所有者在土地利用中的恣意而进行管控是有必要的。"在现代社会中,土地的所有权形式并不是决定性的,对土地用途的合理、合法的管控权更为重要。"❻通过国家管控限定土地的用途改变及利用强度,从而形成合理的土地所有权内容对土地进行利用,才能真

---

❶ Expert Committee on Compensation and Betterment: Final Report (H. M. S. O.), 1942, 11.

❷ 华生:《城市化转型与土地陷阱》,东方出版社2014年版,第276页。

❸ 薛军:《"民法—宪法"关系的演变与民法的转型——以欧洲近现代民法的发展轨迹为中心》,《中国法学》2010年第1期。

❹ Rudolph von Jhering, Der Geist des Römischen Rechts auf den Verchiedenen Stufen Seiner Entwicklung, Teil. 1, 5. Aufl., Leipzig: Druck und Verlag von Breitkopf und Härtel, 1878, S. 7.

❺ 张庆嫒:《土地经济学》,科学出版社2018年版,第246页。

❻ 吴次芳:《中国农村土地制度改革总体研究》,浙江大学出版社2018年版,第133页。

正实现土地的价值。因此，土地所有者是在土地发展权之下进一步开发利用土地以提升土地价值的。

根据《土地管理法》的规定，国家实行土地用途管制制度。国家的管制权主要体现在分类确定土地用途、制定和实施土地利用总体规划、实行农用地转用审批制度、适当集中征地审批权、实行土地权属和用途登记、实行"耕地占补平衡"制度、实行基本农田保护制度、建立土地执法情况监督检查制度和法律责任制度等方面。这在实际上已经承认了土地发展权国有。只是国家作为土地开发权的行政管理权主体和作为国有土地所有权的财产权主体，在身份上"是可以而且必须严格分开的"。这也保证了国有土地和集体土地在所有权上的平等和土地发展权上的统一。

（二）宅基地制度改革与土地发展权的契合

当前我国农村集体土地改革正在如火如荼地进行。综观集体土地改革的政策和实践，无不体现土地发展权的内容。宅基地"三权分置"改革的政策主旨和内容亦与土地发展权理论相一致。

1. 宅基地制度改革遵循土地发展权的内容

这主要表现为：第一，我国农村宅基地改革方式与土地发展形态契合，这主要通过土地征收和土地流转体现。首先，土地征收改变了土地用途。我国 1998 年修改《土地管理法》时就开始了严格的土地用途管制，土地利用全部由政府规划决定。基于城市化的发展，城市建设用地难以满足用地需求，通过土地征收改变其原有用途以供城市化建设成为重要途径。❶ 在这个过程中，农村集体的土地在用途上发生了转变且价值得到了提升。其次，土地流转提高土地利用程度。随着征收引发的种种问题，农村土地流转登上了历史舞台。不管是宅基地的"三权分置"还是"三块地"改革试点，都打破了长久以来只有农民能够使用集体土地的藩篱，实现了集体建设用地与国有建设用地"同权同价"的平等地位，让更多的企业和资本能够

---

❶ 张先贵：《中国语境下土地发展权内容之法理释明——立足于"新型权利"背景下的深思》，《法律科学（西北政法大学学报）》2019 年第 1 期。

进入农村以提高生产能力和优化产业升级，为土地的利用开辟了新的空间。最后，宅基地"三权分置"后对宅基地使用的放活就是强化宅基地的流转。通过宅基地的流转显现宅基地上的财产价值，并在流转中形成宅基地的增值并产生财产价值。城乡建设用地增减挂钩政策的提出也为宅基地"三权分置"后农民退出宅基地进行农村宅基地整理提供了基础。

第二，宅基地改革原则与土地发展权诉求一致，这主要体现在"土地增值收益需要土地发展权确认归属"和"耕地保护原则需要土地发展权遏制耕地减少"两方面。首先，土地发展权是一种对土地未来开发获得利益的权利，农村土地改革就是一个实现土地增值收益的过程。[1] 这就产生了土地增值收益分配的问题。其次，农村土地改革的红线之一是"保护耕地"，土地发展权理论能够有效地调整土地用途，对土地的合理利用进行宏观把握，进而有效杜绝对耕地的非法侵害，确保土地改革的原则。世界各国土地发展权设置的首要目的也是保护耕地。宅基地"三权分置"改革就是要提高农村土地的利用，优化土地资源配置。这显然与保护耕地的基本原则是相呼应的。

2. 宅基地"三权分置"改革是在国家宏观调控下进行

这主要表现为：第一，农村土地的增值一是因为改变用途，另一个原因则主要是劳动、资金等生产要素的投入，提高土地产出率。但是国家对农村土地转用持控制态度，尤其是在《土地管理法》中专门进行了土地用途管制的规定。那么通过将宅基地商业化、经营性使用来实现农村集体土地的增值显然不是也不应是常态。不过，自国家提出宅基地"三权分置"后，农民宅基地的使用形式多样化，宅基地的使用权主体也逐渐多元化。这一方面形成了宅基地的客观流转增值，另一方面也提高了宅基地的利用率，进而成为宅基地增值收益的依据。[2] 而我们梳理这一进程不难发现，宅基地的增值离不开国家对农村土地制度的调整和现代社会的发展，这绝不是农村集体或农民能够独立实现的。

---

[1]　陈柏峰：《土地发展权的理论基础与制度前景》，《法学研究》2012年第4期。

[2]　杨雅婷：《"三权分置"下宅基地增值收益分配研究》，《法学家》2021年第5期。

第二,《土地管理法》第 4 条明确我国实行土地用途管制制度……使用土地的单位和个人必须严格按照土地利用总体规划确定的用途使用土地。宅基地在我国长期承担着民生保障作用;公益性公共设施用地是农村基本公共服务得以实现的土地支持;而集体经营性建设用地则具有明显的经营(盈利)性质。在这三种分类下,针对宅基地"三权分置"的政策文件和试点名单已经发布并积极推进,集体经营性建设用地入市的试点也已经取得了显著成果。尤其是 2021 年《土地管理法》和《土地管理法实施条例》,一方面"鼓励农村集体经济组织及其成员盘活利用闲置宅基地和闲置住宅",另一方面对集体经营性建设用地入市流转提供了法律依据。这一立法的转变体现了国家管制权在农村土地用途以及整体规划上的变化,也是社会经济发展下对盘活农村土地资产的现实需求。而不管出于何种原因,这必然产生宅基地等集体建设用地的增值。

土地发展权的日趋凸显是当前中国经济社会发展的必然结果。在我国,宅基地"三权分置"既是土地发展权的要求,也是土地发展权得以实现的基础。而土地发展权理论又为宅基地"三权分置"后关于产权确认和增值收益的分配问题等提供了基本的理论依据。因此可以说,土地发展权理论成为宅基地"三权分置"的重要基础,也是指导宅基地"三权分置"的重要依据。

三、共享发展成果理论

中国共产党在第十八届五中全会提出的"创新、协调、绿色、开放、共享"❶ 的新发展理念,延续了我国自改革开放以来的精神和理念,开启了我国改革的新局面。同时,"五大发展理念"是相互支撑、协同发展,紧紧相扣并且与我国发展高度契合的。在"五大发展理念"中,"共享"可以作为出发点,也可以成为落脚点。作为出发点,"共享"成为其他四

---

❶ 《中共中央关于制定国民经济和社会发展第十三个五年规划的建议》,2015 年 10 月 29 日中国共产党第十八届中央委员会第五次全体会议通过。

项发展理念的基础，人类的创新是立足于社会所共享的知识或物质，只有这两者同时满足才可以激发创造活力，满足于创新、协调、绿色、开放的需求；反之，作为落脚点，是人类文明和社会发展水平提升的有利指标，人类社会在不断进步中所呈现出的新成果只有通过社会共享才可以发挥其真正效益，从而促进全社会的发展。

从历史沿革的角度寻找"共享"一词的由来，查找古籍并不能对"共享"进行直接定义，我们更多看到的是对于"大同"的定义。中国传统"民本"思想为共享发展理念的提出奠定了思想基础。❶ 其实早在我国春秋战国时期，诸子百家对于"共享"就有类似的解读，孔孟设想出了一个理想的社会模式："大道之行也，天下为公。"（《礼记·礼运篇》）他们认为，实现大同社会需要"选贤与能，讲信修睦"（《礼记·礼运篇》）。在这个理想中，人们不仅仅关心自己的亲人，也关心他人的家人。让老年人有尊严地度过晚年，让年轻人施展才华，也照顾弱势群体，包括照顾孤独、贫困和残疾者。这种理念是为了防止内耗和争斗，避免犯罪和动乱，即谓之为大同。庄子提出了"天下平均"（《庄子·外篇·达生》）的资源分配理念，主张天赋平等，这体现了人们对平等和共同发展的渴望。而韩非子则提出了"仁义者，与天下共其所有而同其利者也"（《韩非子·外储说右上》）的政治主张，强调国家君主应该讲究仁义，与全国百姓分享财产并共同分享利益。在此背景下，我国当前的共享发展理念包含了诸多古代贤者的智慧。作为一个社会主义国家，我国一直以马克思主义理论为指导，并发展出具有中国特色的社会主义。近年来，我国对共享发展理念的理解和应用在不断扩展和深化。

正如马克思所认为的"所有人共同享受大家创造出来的福利"❷ 这一理论，在共产主义社会中，所有社会成员将共同协作，共同努力，能够有计划、有目标、有方向地从事工作，推动社会生产力的发展，实现没有压迫和剥削的社会，"在那里，每个人的自由发展是一切人的自由发展的条

---

❶　徐文文，傅秀云：《谈共享发展理念的理论渊源及历史发展》，《学理论》2017 年第 10 期。

❷　马克思，恩格斯：《马克思恩格斯选集》（第 1 卷），人民出版社 2012 年版，第 248 页。

件"❶。我国共享发展理念延续了马克思理论的共有理念，虽然用词有差别，但其目的和含义相类似。"共享"和"共有"两者都注重于解决如何分配利用社会资源的问题。"共享"注重的是解决社会公平正义问题，而"共有"则更加注重解决对生产资料是归谁所有的界定。

改革开放时期，邓小平同志提出"先富带动后富"的经济发展理念，充分调动人们的生产积极性，提高生产效率，打破了原有的平均式发展和分配的陈旧方式。在农村地区实行"家庭联产承包责任制"，提升农村经济活力和粮食产量。"先富"是"后富"的前提和基础，"先富"的目的在于一部分人积累财富和掌握技术后，利用其拥有的财富和知识实现剩余人员的富裕；那么"后富"的一个大前提就在于"共享"，只有拥有这种共享的思想精神，将知识和财富合理利用，才能实现共同富裕。由此可见，"先富带动后富"的政策之中已经包含了共享理念。部分的富裕并非终极目标，我们的目的是通过先富激发民众积极性，增强自信心，然后支持尚未实现繁荣的群体，提高效率，防止社会两极分化，最终实现全体共同富裕，共享发展成果。习近平主席指出，理念是行动的先导，一定的发展实践都是由一定的发展理念来引领的。❷ 共享发展成果的理念是实施具体政策的明灯，发展理念不仅仅是一种抽象的概念，更是一种对未来的愿景和对社会前进方向的设想。当人们共同接受并信奉某种发展理念时，行为便受到这一理念的引导，从而形成了一种集体的行动共识。这种集体的理念导向促使人们在实际操作中追求一致性和一体化，以达到理念所描绘的愿景。

共同富裕是中国的马克思主义者、中国共产党人一以贯之的价值追求和行动纲领，是共享发展的出发点和落脚点。共享发展是共同富裕的前提和基础，是共同富裕的当代实践与阶段成果，是新时代中国社会主义的本质特征。❸ 首先，我国是马克思主义理论的学习者和继承者，共享发展理念体现了马克思主义中有关共产主义理想的核心思想。马克思主义认为，

---

❶ 马克思，恩格斯：《马克思恩格斯选集》（第 1 卷），人民出版社，2012 年版，第 422 页。

❷ 习近平：《习近平谈治国理政》（第 2 卷），外文出版社 2017 年版，第 197 页。

❸ 李贤利：《习近平共享发展理念的理论来源探究》，《中共四川省委党校学报》2018 年第 3 期。

在共产主义社会中，人们将实现共同富裕，社会财富将不再被私人占有，而是为整个社会共同享有。在我国，共享发展成果理念的实践就是在马克思主义基本原理指导下，通过改革开放和社会主义现代化建设，不断缩小贫富差距，促使社会全体成员共同分享发展成果。其次，共同富裕是整体社会的共同富裕。通过推动全面建设小康社会，确保了国家整体发展水平的提高，为全体人民提供了更好的发展机会，使全体人民共享国家富强带来的红利。最后，共享发展成果是中国坚持开放包容的表现。在全球化背景下，中国积极参与国际合作，倡导构建人类命运共同体。这与马克思主义的国际主义精神相契合，强调各国共同发展，实现共同繁荣。两个一百年目标代表着中国共产党在不同历史阶段对国家发展的宏伟规划，展示了中国社会在实现全面建设小康社会、脱贫攻坚的基础上迎接伟大历史跨越的决心。这历史性的跨越为中国树立了自信和底气，显示了在社会主义现代化进程中的稳健步伐。实现全面建设小康社会是中国共产党为改善人民生活水平、促进社会全面进步而努力的目标。通过坚持全面建设小康社会，我国成功地消除了绝对贫困，取得了巨大的发展成就。脱贫攻坚的成功不仅改善了亿万人民的生活状况，还彰显了中国共产党的决心和能力，为后续目标的实现奠定了坚实基础。

在实现这两个目标的过程中，共享发展成果的理念是至关重要的。脱贫攻坚的成功是全社会共同努力的结果，展现了中国共产党的领导和全体人民的团结协作。共享发展成果的理念强调社会的公正和包容，使每个人都能分享到国家发展的红利。这一理念将继续引领中国未来的发展道路，确保经济增长的效果更加普惠，社会福祉更加全面。在新的历史时期，中国将继续坚持社会主义基本经济制度，发挥市场在资源配置中的决定性作用，更加注重创新驱动和可持续发展。共享发展成果理念将成为中国走向社会主义现代化强国的明灯，指引着实现更高水平、更全面发展的伟大目标。在这个过程中，中国将继续在国际舞台上发挥积极作用，推动构建人类命运共同体，为全球繁荣和稳定做出更大贡献。

具体到农村宅基地改革之中，城市化的另一个目标是人口城市化，是非城镇人口向城镇转化或集中，过上同市民同等生活的过程。"只有经过城市化的洗礼，人类社会才能走向更高的文明。"❶ 中国城市化之路不仅发展大中城市，还通过就地城市化的形式发展小型城市。城市化发展是社会经济各部门合作的加强以及区域经济政治一体化进程影响的结果。工业化和城市化发展带来的经济繁荣、交通便利、教育医疗等基本公共服务健全、基础设施建设完善等形成人口聚集，人口聚集又会反向要求加大公共产品投入。在城市化发展的辐射作用下，城市及城市周边农村的土地价值升高。在这种状况下，"土地价格或地租由城市公共产品的投入决定，而与产权人无关"❷。而公共产品的投入则是工业进步和社会发展形成的人口集中的客观需求。所以，在城市化发展过程中形成的土地增值是全社会民众共同努力的结果，正如英国经济学家约翰·穆勒所言："社会的进步和财富的增加，使地主的收入无时无刻不在增长……依据社会正义的一般原则，他们究竟有什么权利获得这种自然增加的财富？"❸ 从这个意义上说，土地发展的利益来源包含了经济社会发展的结果。这也印证了学者关于土地价值"在任何情况下都不是占有土地者个人创造的；而是由社会发展创造的"❹ 这一结论。而且土地增值带来的基础设施完善、文明进步、环境保护等一系列变化会反哺土地价值，从而形成新的溢价。新发展理念提出的共享包括四个方面：全民共享、全面共享、共建共享、渐进共享。全民共享是指发展的成果惠及了全部人民群众，而不是少部分人。❺ 同时，这种共享并不是平均分配，要兼顾效率和公平等因素进行综合考量。宅基地"三权分置"改革是全社会共同努力的结果，全民共享理念的指导对宅地基"三权分置"后增值收益的再分配具有重要的指导意义。

❶ 柴荣，王小芳：《城市化发展中的土地流转和农民权益保障研究》，北京师范大学出版社2019年版，第87页。

❷ 华生：《城市化转型与土地陷阱》，东方出版社2014年版，第79页。

❸ 约翰·穆勒：《政治经济学原理及其在社会哲学上的若干应用（下卷）》，胡企林，朱泱译，商务印书馆1991年版，第391页。

❹ 亨利·乔治：《进步与贫困》，吴良健等译，商务印书馆1995年版，第347页。

❺ 石奇：《高质量发展：问题、辨识与路径》，江苏人民出版社2021年版，第320页。

第二节 宅基地上"三权分置"的法律表达

"国家立法必须植根于社会的习惯和需要,而不是对习惯的强制性改变,更不是纯粹根据法学家们的既有知识和凭空想象所进行的创造。"❶ 在中国,严格禁止基于公有制的土地所有权进入市场,但是土地使用权的市场却是开放的,只是政治功能限制了宅基地的流转市场。早在农用地"三权分置"提出之时,就有学者认为宅基地改革也可比照适用。党的十八届三中全会在《中共中央关于全面深化改革若干重大问题的决定》中提出了"农民住房财产权"的概念,为宅基地"三权分置"奠定了基础。2018 年"中央一号文件"正式提出了探索宅基地所有权、资格权和使用权"三权分置",适度放活宅基地和房屋的使用权。探索宅基地改革有法可依是关键,将"政策语言"转化为法律规范才更具有效性。

一、宅基地"三权分置"政策的法律逻辑

中国目前的城乡二元结构已非新中国成立之初的刚需,而是在城市化推进过程中,保障农民既有进城的自由也有返乡的权利的一个弹性结构。随着城市化的推进、农民市民化转型以及农业现代化发展驱动的农民职业化形成,农村土地完整产权结构在立法上的要求就被提上日程了。只是在当前,农村土地依然要发挥其最初的保障功能,赋予农村土地同城市国有土地一般的完整产权必然带来形式平等背后对农民实质平等的反噬。因此,在当前阶段,我们没必要苛求立法赋予宅基地使用权以完整的产权结构,也不应落入西方物权理论的窠臼;而应在尊重权利设置初衷以及适应时代发展改革的背景下,兼顾其保障功能和资产潜能,进行权利结构的重塑,完成时代的使命。当然,这也并不意味着对私权会产生侵害。"三权

---

❶ 谢晖:《论新型权利生成的习惯基础》,《法商研究》2015 年第 1 期。

分置"的设想在满足了农民居住权保障的前提下打通其财产利益实现的出口；但政策表达应回到法治的轨道中才能更好地实现其效果。

我国农村对土地制度的安排一直是建立在"集体"这一基础之上的。而"集体"的形成往往与农民身份有关。农民成为某一"集体"的一员，即享有对该集体土地的权利（这种权利可能只是一种请求权，而不是实在地占有土地），而非本集体成员则无此权利。这与《日耳曼法》的"成员权"和《日本民法》中的"入会权"相似❶，我国学界多将此称为"社员权"❷，现实中60岁以上的农村集体成员也往往以"社员"自称。正是如此，我国宅基地使用权在现行《民法典·物权编》中虽被规定为用益物权，但明显地带有成员权的特征，具有福利性和保障性功能。而且长期以来，其成员权性质愈发明显，财产权的属性并没有实质性发挥。体现在《民法典》中，宅基地使用权的权能就成为占有和使用，并无作为用益物权应有之核心的收益权能。当前立法中，宅基地上"所有权—使用权"的两权结构旨在稳定和保障，在流转等问题上始终持审慎态度。宅基地"三权分置"政策的提出是为了实现宅基地用益物权中的收益权能，放活宅基地的财产属性及资产价值。这样一来，宅基地上权利的法律关系必然发生重大转变。按照2018年"中央一号文件"关于"三权分置"政策的论述，

---

❶ 这种相似性主要体现在：第一，均是特定团体中的成员在特定团体中所享有的权利，以满足成员利益为目的；第二，权利的享有需以具备成员身份为前提，且不得转让；第三，成员对权利不分份额地享有，不得请求分割；第四，团体事务均须以一定的议事规则经多数表决通过方可。"团体构成员所有之使用收益权与其成员之身份密切关系，因其身份之得丧而得丧，故不得脱离其身份用为继承及让与之标的。"详细内容可参阅：李宜琛：《日耳曼法概说》，中国政法大学出版社2003年版，第76页。

❷ 实际上，农村对"社员"一词的使用仍比较普遍，笔者在山西农村进行调研时，农民仍多以"社员"自称。所谓"社员权"，是法学界和农业经济学界对"村民权"的又一称谓。对此可参阅以下学者的论述：温世扬：《集体所有土地诸物权形态剖析》，《法制与社会发展》1999年第2期；肖方扬：《集体土地所有权的缺陷及完善对策》，《中国法学》1999年第4期；史建民：《论土地承包经营法律关系及其保护》，《农业经济问题》2000年第8期；王小映：《全面保护农民的土地财产权益》，《中国农村经济》2003年第10期。"村民权"或曰"社员权"是农民作为集体的一员，因具备"村民"身份对村集体享有的一项权利，学术界又称"村民权"，该权利局限于该共同体内的成员资格权利。张英洪指出："村民权是一个行政村内的村民所享有的权利，类似于俱乐部成员的权利。"参见张英洪：《公共品短缺、规则松弛与农民负担反弹：湖南省山脚下的调查》，《调研世界》2009年第7期。

在宅基地上形成了"所有权—资格权—使用权"的结构。在坚持公有制基础、保障农民权益和放活市场的法治要求下，政策所述宅基地上的权利关系应符合法律上的逻辑。

从 2014 年国家开始探索宅基地上住房财产权的流转，到 2018 年提出宅基地"三权分置"的政策演变过程可以看出，"三权分置"的改革旨在盘活宅基地及其上房屋的利用，但充分保障农民居住利益的根本没有变。因此，对宅基地上权利的法律分解既要符合当前中国改革和发展的目标与需要，又要在法理上获得相应的支撑。在上述社会主义土地制度、土地发展权以及共享发展成果的理论基础上，围绕宅基地应具有的保障功能和放活的财产性价值，政策上的"三权分置"应符合如下法律逻辑。

第一，农村集体所有权是根本，宅基地所有权的主体是农民集体。宅基地归农民集体所有是我国《宪法》及《土地管理法》等土地相关法的规定，是社会主义公有制的基本要义。"农村土地集体所有权承担着保障农民基本生存的重要角色，彰显对集体个人土地利益的平等保护，适应了农村社会主义发展的需要，也与农村集体土地社会保障功能相适应。"❶ 集体土地所有权本身就包含了对本集体经济组织成员的基本生产和生活保障的意蕴，这契合新中国成立以来国家一以贯之的农村土地社会保障功能的价值预设。这一点是任何时候都不能改变的根本所在。宅基地"三权分置"政策中对宅基地所有权的认识和现行立法并无二致。

第二，宅基地"三权分置"之"资格权"在政策设置中主要承载宅基地的社会保障功能，而宅基地之"使用权"体现宅基地的财产属性。"两权分离"模式下，"宅基地使用权"上既有身份束缚又有财产属性。身份束缚要求宅基地保持稳定，而财产属性则要求宅基地的流通。这两种属性在同一项权利下形成了内在的冲突，这也成为现实背景下激活宅基地财产属性要求下的矛盾。制度设计中的权利分置首先要化解的就是这一冲突。"资格"本身含有"身份"之意，其政策构想中的权利价值（保障功能）已经彰显；而"使用"体现的是物的"从所有到利用"的转变，有利于提

---

❶ 韩松：《农民集体土地所有权的权能》，《法学研究》2014 年第 6 期。

高土地资源的利用效率。这符合中国特色土地制度的发展需求，而且从英美法系土地保有权制度中亦可找到法理上的正当性基础。故而，"资格权"应是设立于集体所有权上的他物权，是从宅基地集体所有权上分离出来的用益物权。在中国现有城乡发展关系中，资格权应体现福利性保障的成员权和占有、使用、收益的财产权内容。因此，资格权既是集体成员生存权的原始保障，也是其收益的基础保障。这符合我国建国之初的特殊国情。因为"权利永远不能超出社会的经济结构以及由经济结构所制约的社会的文化发展"❶。资格权中同时包含的成员权和财产权内容正是由我国特有的经济结构所决定的。

第三，将"使用权"从身份限制中分离出来是宅基地上财产权利实现的前提。囿于政治性功能而迟迟没有开放的宅基地流动市场，通过从"资格权"中将具有财产权属性的占有、使用权能单独设置为独立的权利，实现了宅基地上权利体系的圆满。这种分离具有法律基础。德国学者梅迪库斯认为："用益物权人可以用用益物权为客体为他人设定次级用益物权。"❷我国学者宋刚也指出："将尚不属于权利的权能独立出来，经过法律的确认，即可成为一项用益物权。"❸将现有法律中宅基地用益物权中的使用权能独立出来，既满足了多样化的物的利用需求，又使物权中的收益权能得到体现。

如图1所示，将所有权中的占有、使用和收益三者的权能赋予集体经济组织成员，使其获得"资格权"。基于这一权利，农户对宅基地享有了实际的占有、使用和收益的权能内容；为了进一步放活宅基地的使用，将宅基地所有权第一次分离形成的"资格权"中的收益权能保留，将占有和使用权能独立为第二次分离形成的"使用权"，由包括集体经济组织成员在内的民事主体占有，并通过使用获得收益。这样一来，宅基地集体所有权是根本，且遵守我国社会主义"公有制"的宪法要求；基于成员身份的"资格权"是保障，即使占有、使用权能分离出去，仍享有收益权能和宅

---

❶ 马克思，恩格斯：《马克思恩格斯全集》（第3卷），人民出版社2002年版，第305页。

❷ 迪特尔·梅迪库斯：《德国民法总论》，邵建东译，法律出版社2001年版，第168页。

❸ 宋刚：《论收益权的用益物权化》，《法商研究》2013年第6期。

基地立法之初预设的保障功能；不受集体成员身份限制的民事主体的"使用权"使其能实际占有、使用土地并获收益，这是对使用权的放活。下一层级的权利对上一层级权利的权能内容进行限制，又不突破上一层级所分离出来的权能内容，这既不与现行法律背离，又符合市场经济的规律，是赋予农民更多财产性权利得以实现的关键所在。在我国社会主义公有制基础上，"宅基地'三权分置'的根本目的是在保障农民基本居住权的前提下，放活使用权，打通宅基地'出口'"❶。这一法律逻辑实现了这一政策设想。只是，"民生主体享有繁复多样的民事权利，《民法典》针对每种具体的权利分别规定相应的行使规则、效力以及救济途径既不经济也不现实，适宜的做法是在民法体系内，在把握每种民事权利的含义与特征、起源与发展、价值与功能、性质与地位、主体与对象、范围与界限、保障与救济等知识的基础上，采取'提取公因式'的方法对各种民事权利进行归纳分类，然后在分类的基础上分别规定相应的行使规则、效力以及救济途径"❷。因此，接下来要解决的就是立法上如何界定和表述宅基地上"资格权"和"使用权"的问题。

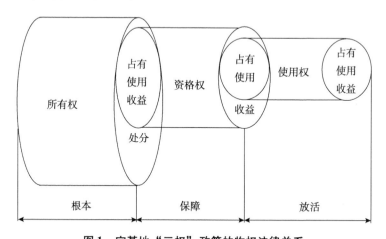

图1 宅基地"三权"政策的物权法律关系

---

❶ 刘锐：《夯实权益基础，加快制度供给——谈农村土地'三权分置'如何落地》，载《中国国土资源报》2018年2月1日，第1版。

❷ 高飞：《"三权分置"下土地经营权的性质定位及其实现研究》，《法治现代化研究》2021年第6期。

二、"资格权"的法律属性及立法表达

政策中，宅基地"三权"中之"资格权"的立法主旨在于宅基地保障功能的继续维护。这在立法中自然应予以体现和保证。放活宅基地的使用且要在法治的轨道内运行，离不开对政策表达的法律化。所有权是《宪法》、《民法典》以及《土地管理法》上的术语，中央政策中"所有权"的内涵与外延与现行法律规定是一致的，无须重构。但立法上能否直接采用"资格权"这一表述还有待商榷。

（一）"资格权"的法律属性

我国宅基地制度的设计使得宅基地属于身份物。不同于城市建设用地或集体经营性建设用地那样以其使用类型作为名称，宅基地是包含了特定身份属性在内、有特定目的的物，是将身份利益依附于财产上的存在。这与我国一直以来的法律指导思想是贯通的。从中国传统文化的角度出发，"保民"思想也在中国社会根深蒂固。"中国的历史表明，大量失地农民是社会动荡和朝代变更的直接诱因。"● 在土改运动中，毛泽东同志一再强调对贫农的满足和中农的团结原则。在此基础上，宅基地制度的设计始终贯穿以农民身份为依据的保障功能的价值预设。

1. "资格权"是基于成员身份的保障性权利预设

从我国宅基地立法制度角度讲，宅基地的权利设置中也贯穿了身份的意蕴。第一，农村土地产权有一个从"农民所有、农民利用"到"集体所有、农民利用"的制度变迁过程。❷ 在"农民所有"阶段，1954 年《宪法》明确规定保护农民土地所有权、公民房屋以及公民合法私有财产的继承权。真正实现了"居者有其屋"的目标。虽然在人民公社化的进程中，农民宅基地的所有权完成了从私有到集体所有的转变，并在 1975 年《宪

● 董新辉:《新中国 70 年宅基地使用权流转：制度变迁、现实困境、改革方向》,《中国农村经济》2019 年第 6 期。

❷ 王利明，周友军:《论我国农村土地权利制度的完善》,《中国法学》2012 年第 1 期。

法》中予以确认，但是社员的房屋永远归社员所有、^❶ 社员的宅基地归各户长期使用长期不变、^❷ 在发展的基础上逐步改善成员居住条件^❸等规定无不体现对农民居住权的保障功能，并确立了宅基地使用的无期限性。第二，从农户获得宅基地使用权的程序上，也只规定了申请与审批，^❹ 以及集体建房交住房费或自己建房，^❺ 从而确立了宅基地使用权的无偿性并延续至今。虽然在 20 世纪 80 年代的政策和立法中，一段时间内认可城镇居民回乡对宅基地的长期使用。^❻ 但需要注意的是，《村镇建房用地管理条例》规定的是"城镇居民在离退休、退伍后选择回乡落户定居，可以参照农民原始取得宅基地的方式提出使用宅基地的申请"，这就意味着在立法本意上仍然保有乡土中国"叶落归根"的文化伦理。"落户定居"强调的亦是对宅基地使用权主体应是农户的直接回应，而其他立法中对此没有特别强调并不能成为城镇居民可以成为宅基地使用权主体的当然解释，而且在 1999 年开始限制城镇居民在农村购置农民住房和农村宅基地。此后相继出台的文件都对城镇居民使用宅基地采取了严格禁止的态度^❼；不仅限制城镇户籍获得宅基地使用权，甚至宅基地上的房屋或其他住宅也成为城镇居民禁止购买的内容^❽。

---

❶ 1962 年《农村人民公社工作条例修正草案》第 44 条、第 45 条。

❷ 1963 年《中共中央关于各地对社员宅基地问题作一些补充规定的通知》。

❸ 如 1978 年《农村人民公社工作条例（试行草案）》，2005 年《中共中央、国务院关于推进社会主义新农村建设的若干意见》，2007 年《关于积极发展现代农业扎实推进社会主义新农村建设的若干意见》《中共中央、国务院关于切实加强农业基础建设进一步促进农业发展农民增收的若干意见》等。

❹ 1963 年最高人民法院《关于贯彻执行民事政策几个问题的意见（修正稿）》。

❺ 1978 年《农村人民公社工作条例（试行草案）》第 48 条。

❻ 这先是体现在 1982 年的《村镇建房用地管理条例》，此后在 1986 年的《土地管理法》以及 1989 年《关于确定土地权属问题的若干意见》中进一步明确。

❼ 1999 年《国务院办公厅关于加强土地转让管理严禁炒卖土地的通知》，2004 年《国务院关于深化改革严格土地管理的决定》《加强农村宅基地管理的意见》，2007 年《国务院办公厅关于严格执行有关农村集体建设用地法律和政策的通知》，2008 年《关于切实加强农业基础设施进一步促进农业发展农民增收的若干意见》等。

❽ 1999 年《国务院办公厅关于加强土地转让管理严禁炒卖土地的通知》规定："农民的住宅不得向城市居民出售，也不得批准城市居民占用农民集体土地建住宅，有关部门不得为违法建造和购买的住宅发放土地使用证和房产证。"2004 年《国务院关于深化改革严格土地管理的决定》中要求："改革和完善宅基地审批制度，加强农村宅基地管理，禁止城镇居民在农村购置宅基地。"2004 年《关于加强农村宅基地管理的意见》规定："严禁城镇居民在农村购置宅基地，严禁为城镇居民在农村购买和违法建造的住宅发放土地使用证。"2008 年《国土资源部进一步加快宅基地使用权登记发证工作通知》规定："严格执行城镇居民不能在农村购买和违法建造住宅的规定。对城镇居民在农村购买和违法建造住宅申请宅基地使用权登记的，不予受理。"

即使是 1986 年《土地管理法》中允许城镇居民经审查可以使用宅基地，也是需要支付一定的补偿费或者安置补助费的，显然与具有特定身份的集体经济组织成员的宅基地使用权不是同一内容的权利，不可同日而语。第三，从概念的规范化界定角度看，2003 年发布现行有效的《中华人民共和国国家标准·土地基本术语》对宅基地使用权的定义❶也限定了宅基地使用权主体的身份特征，不具有农村集体经济组织成员身份的不是宅基地使用权的适格主体。

由此可见，在宅基地所有权和使用权分离所形成的权利中，身份特征是非常明显且受到法律认可和保障的。而"资格"在古汉语和现代汉语中都有"身份、条件"之意。❷"三权分置"之"资格权"，从字面上看包含了关于身份的意味；从其所指而言亦对权利主体提出了身份上的要求，即须为本集体经济组织成员。"自从近代民法基于人人生而平等的理念树立了人格平等理论和制度后，身份制度在民法中的地位每况愈下，身份理论和法律身份常识日趋式微，以至于原本作为人格概念内涵的身份，逐渐变成人格的对立物。"❸ 不过，近年来身份制度在我国法学界又重新被认识和审视。有学者指出，"为维护社会公平与和谐，就要运用法律与政策的强制力，确认人的身份以及人与人之间的身份差异，调整和引导社会的分配和占有关系"❹。当然，现代法治社会下的"身份"含义与古代法中的"身份"是不一致的。"现代民法上的身份物，去除了古代民法中因不平等身份而存在的身份物，它是在平等身份基础上产生的身份物。"❺

---

❶ 《中华人民共和国国家标准·土地基本术语》对"宅基地使用权"的定义为：经依法批准，由农村集体经济组织分配给其成员用于建筑住宅及其有关建筑物的、无使用期限限制的集体土地建设用地使用权。

❷ 据考证，"资格"一词源于《新唐书·选举志下》："开元十八年，侍中裴光庭兼吏部尚书，始作循资格，而贤愚一概，必与格合，乃得铨授，限年蹑级，不得逾越。"其中，"资"是指地位、经历等；"格"是公令条例；"循资格"即按照一定的社会地位和经历任用官员。胡适在《国语文法概论》一书的第一篇"这一种方言已有了做中国国语的资格"中，"资格"为"所应具备的条件"之意。在现代汉语中，"资格"多被解释为："从事某种活动所应具备的条件、身份等。"

❸ 向勇：《中国宅基地立法基本问题研究》，中国政法大学出版社 2015 年版，第 19 页。

❹ 马俊驹，童列春：《论私法上人格平等与身份差异》，《河北法学》2009 年第 11 期。

❺ 向勇：《中国宅基地立法基本问题研究》，中国政法大学出版社 2015 年版，第 22 页。

2. "资格权"是具有土地收益性质的权利

在政策关于宅基地"三权分置"的设计中,"资格权"其实承担了我国宅基地作为身份物的独有特征,资格权的内容一定是限定在特定集体经济组织成员这一身份前提之上的,"资格权"中必然包含着本集体经济组织成员的身份内容。但是并不能基于此就将此项权利划归为成员权。因为类似于现行《农村土地承包法》中对承包地"三权分置"的规定,本集体经济组织可以转让土地承包经营权或流转土地经营权。土地承包经营权是基于集体经济组织成员身份而获得的一项权利,同时该权利可以通过转让的形式取得财产性的收益,而这种收益并非来源于身份利益而是财权利益。宅基地上"资格权"的政策设定亦是如此,需要有成员身份的前提但又不是依附于身份而获得的财产性利益。因此,单纯地将其设定为成员权这样的身份性权利显然与制度初衷不一。但是,也不宜将其界定为身份权和财产权的复合属性。因为"资格权"虽然是基于身份属性而取得的,但是其取得该项权利以后实际就与身份属性相脱离而去实现其上的财产权的内容;如果在立法上将其设置为复合型权利,就人为地增加了其权利的复杂性。而现行立法中与其承载相同使命的"宅基地使用权"即被《民法典》等法律直接设定为用益物权。也就是说,"资格权"本身不是成员权,而是基于成员权而享有的财产性权利。其设置目的是在保护农民"户有所居"的情况下增加农民的财产性权利。而且,"资格权"本身是从宅基地所有权这一物权上分离出来的权利,理应以物权的形态出现。所以,"资格权"应是作为财产性权利的用益物权更为合理。当然,该权利作为设立在集体土地所有权上的权利,"其权能内容直接关系集体土地所有权,权能的充分实现以不损害集体土地所有权为原则"[1]。

(二)"宅地基使用权"对"资格权"的立法取代

从上述分析中可知,宅基地"三权分置"之"资格权"所表征的即是当前立法中关于"宅基地使用权"所要表述的内容。第一,"资格权"的

---

[1] 韩松:《坚持农村集体土地所有权》,《法学家》2014 年第 2 期。

取得和"宅基地使用权"一致,都是基于集体经济组织成员的身份前提而获得。第二,"资格权"所要表述的内容与现行立法中"宅基地使用权"的内涵基本一致,都是基于成员权而获得的财产权,只是立法刻意弱化"宅基地使用权"中的财产性权能而已。而即便是"资格权"入法,也依然是以保障性为主要内容,财产性权能是次要。第三,从立法目的角度,宅基地"三权分置"要放活宅基地的适用以增加农民的财产性收入,"宅基地使用权"在现行立法中禁止流转的内容因为主体资格的限定在"资格权"中仍然适用,因此并不违背制度改革的初衷。

综上所述,在立法中可以对政策上的"资格权"沿用现行立法上的"宅基地使用权"的表达。"宅基地使用权"在"两权分离"的立法框架内对其身份属性进行强调且主要承担社会保障功能距今已有50年之久;而其本身就负载的财产权属性则是近年来才开始强调的内容。鉴于立法中对"宅基地使用权"的表述和实践中的使用习惯,将已有"宅基地使用权"用意义相当的"资格权"替代并无法律和现实必要,且不利于立法成本的考虑。从使用习惯和立法成本的角度,在立法中用"宅基地使用权"来表述"资格权"更为合适。因此,笔者认为在法律上继续沿用"宅基地使用权"替代政策中的"资格权"最为合理。

三、"使用权"的法律属性及立法表达

土地本身具有双重属性,即公益性和私益性。其公益性体现在人类都要在土地上生存和发展,而私益性体现在人们可以利用土地获得收益。宅基地亦是如此。在法治国家,通过土地立法来实现土地的公益性和私益性是必然追求。而"土地公有制国家在保障土地公益性的前提下,通过放松各种土地利用管制制度来实现土地私益性"❶。宅基地"三权分置"的政策导向正是通过对宅基地利用管制的放松来实现土地宅基地私益性的过程。既然政策中的"资格权"用现行立法中的"宅基地使用权"来表达更为妥

---

❶ 向勇:《中国宅基地立法基本问题研究》,中国政法大学出版社2015年版,第16–17页。

帖，那么政策中的"使用权"也应区别于此而寻求一个更为贴切、正当的法律表达方可构建协调的宅基地上权利体系。

（一）"使用权"的法律属性

在我国宅基地制度立法之初，其保障作用既有农业生产保障的职能亦有居住保障的职能。然而在城市化发展迅猛的今天，城乡要素的流动以及农地"三权分置"后农业适度规模经营的形成，宅基地所负载的耕种者安居、生产的功能逐渐弱化，原来以居住和生产紧密联系的宅基地保障功能日趋式微，这就导致了宅基地去身份化发展的必然性。宅基地"使用权"就是宅基地权利去身份化的彰显。对该权利法律属性的界分，同农地"经营权"一样也存在债权说和物权说的探讨。笔者认为政策之"使用权"应是一项物权（用益物权）。理由如下。

第一，集体土地所有权决定了土地所有权不得转让；具有成员身份要求的宅基地使用权基于生存和保障功能也只能在集体内部流动。这就将宅基地资源封闭在本集体经济组织内部，虽然实现了集体成员的社会保障权，却无法实现资源的优化配置，更没有办法与当前经济社会发展的要求相适配。"三权分置理论则是在土地使用权上进一步分离出一项新的权利，而该项权利则可以进入市场流通。"[1] 宅基地"三权分置"是在党的领导下，中国人民经过长期实践而探索出的一条创新之路。债权根据意思自治可由当事人自由创设，只须在立法中放开宅基地使用权的流转即可，用债权定性宅基地"使用权"对"三权分置"意义甚微，无须专门的"三权分置"。将政策中"使用权"定性为物权，使得权利人具有了独立的流转权利，而无须依赖上一级有身份束缚的"宅基地使用权"。"三权分置"就是为了强化流转的法律效力，这一点通过物权更易实现。其他民事主体"使用权"的物权化与实现放活使用权的市场化目标相契合，适应了世界物权立法对物权"从归属到利用"的趋势。

第二，"三权分置"的提法与"一物一权"原则并不相悖。根据民法

---

[1] 席志国：《〈民法典·物权编〉评析及法教义学的展开》，《东方论坛》2021 年第 2 期。

学者王泽鉴的观点，民事权利"以物、精神上创造或权利为其支配的客体，是为第一阶层的权利客体；权利本身则得以作为权利人处分的对象，乃第二层的客体权利"❶。这里，农户对宅基地使用权的权利就成为一个用益物权的客体；其他民事主体所享有的宅基地上的使用权即为"权利用益物权"。而且近代民法发展对物权占有的时间维度和空间维度综合性分割也为此奠定了基础。就宅基地占有而言，政策上"三权分置"的"资格权"不再占有、使用宅基地，这些权利是由"使用权人"享有，这两个权利在时间和空间维度上并不存在直接的冲突，也不是内容相同无法并存的权利。

第三，政策之宅基地"使用权"类似于农地"三权分置"后的"土地经营权"。根据现行立法的规定，"土地经营权"已经与集体经济组织的成员身份相剥离，这与宅基地"使用权"放活流转的前提条件相一致。只有将宅基地"使用权"上的身份属性去除，才能真正激发其财产属性。同时，在我国《民法典》确立的物权和债权二分的财产权体系之下，"土地经营权"是规定在"物权"编的。那么，与之对应的宅基地"使用权"自然也应规定在"物权"编以保持一致性。"一项权利在《民法典》中所处的位置，在没有足够的相反证据的情形下也应当取决于该编所规定的权利的共同性质。"❷ 从体系解释论的角度亦可以证成宅基地"使用权"的用益物权属性。

综上，政策中的宅基地"使用权"剥离了宅基地使用的身份限制，也弱化了宅基地的政治功能和保障作用，而是一项纯粹的财产权内容。"财产权的成立越便利、效力越强，其吸引力就越大，越容易被激活。"❸ 将宅基地"使用权"界分为一项物权，使之更有利于其政策目的的实现。

（二）"次级使用权"对"使用权"的立法取代

宅基地"三权分置"之"使用权"作为放活之目标，如同农地"三

---

❶ 王泽鉴：《民法总则》，中国政法大学出版社 2014 年版，第 205 页。

❷ 席志国：《土地经营权性质的法解释论及其制度构造》，《河南师范大学学报（哲学社会科学版）》2022 年第 6 期。

❸ 徐鹏飞：《民法典》视野下土地经营权性质辨析，《中共山西省委党校学报》2023 年第 6 期。

权分置"之"经营权"一般，并不限制其主体身份，是宅基地使用权人与其他民事主体设定的一项新的可自由流转的权利，具体包括占有、使用和收益的权能内容；自然已不同于现有法律中表述之"宅基地使用权"。此处再采用政策中"使用权"的表述与现行立法"宅基地使用权"容易混淆。

政策中"三权分置"的"使用权"的权源在于"宅基地使用权"中微弱的财产属性，从权能内容而言是对农民"宅基地使用权"限制而来的权利。从该权利产生的法律逻辑来看，此"使用权"设立于农户"宅基地使用权"中的财产性权利基础上，与农户的"使用权"形成了一个时间和空间上的分割。宅基地没有发生流转，其上的用益物权集于农户一身；宅基地发生流转，农户基于"宅基地使用权"享有收益权能，事实上并不占有和使用；其他民事主体基于该"使用权"实际上占有、使用宅基地并获得收益。此时，农户在一定时间和空间内权利受到限制，其他民事主体在期限届满后丧失权利。

笔者认为，其他民事主体享有的"使用权"是从对农户"宅基地使用权"的限制而来。素以"严谨"著称的德国在其民事立法和判例中都承认了设立于"地上权"的"次地上权"的合法性。❶ 1974 年，德国联邦法院首次肯定"次地上权"以及德国土地相关立法的规定，为"宅基地使用权"上再设另一个"使用权"奠定了立法基础。从法律联系的角度看，"次级宅基地使用权"的表述则更为明晰地反映了其与"宅基地使用权"的关系，以及自身所包含的权利内容。而且，"次级宅基地使用权"的提出并非无依据的创设。据此提出"次级宅基地使用权"以区分并分离于农民享有的"宅基地使用权"的立法思路具有科学性。

那么，宅基地"三权分置"是对宅基地所有权的两次分离，在宅基地所有权下设两级用益物权分别为宅基地使用权和次级宅基地使用权。宅基

---

❶ 1974 年，联邦法院的判例首次肯定"次地上权"的合法性；根据德国《地上权法》和土地相关规定也可以得出另一个地上权即次地上权的结论。具体内容可参见：Michael Habel. Rechtlieche und wirtschaftliche Fragen zum Unrererbbaurecht, MittBayNot Heft 1998：315. Hieber. Deutsche Notar – Zeitschrift 1955：327. Schneider. Deutsche Notar – Zeitschrift, 1976：411.

地上的物权体系表述为"宅基地集体所有权—宅基地使用权—次级宅基地使用权"。每一次分离对上一层次的权利内容进行一定限制，但并不改变其权利的属性。但是需要注意的是，即使是立法将该权利设定为用益物权，鉴于宅基地本身的特殊性以及实践中存在的现实问题，对该权利进行明确的用途管制也是非常必要的。

第三节　宅基地"三权分置"法律关系的主体

我国农村土地确权是农村土地制度改革中一项艰巨而重要的任务。"狭义的确定土地权属，仅指依法确定土地所有权、使用权和土地他项权利归谁所有。广义的确定土地权属，是指依法确定土地所有权、使用权和土地他项权利的主体，而且包含确定土地所有权、使用权和土地他项权利的客体和内容。"[1] 而在土地确权中，权利主体的确定尤为首要。因为"主体明晰是任何民事权利的最基本要求，缺乏主体，权利则毫无意义；主体模糊不清，权利则要么有名无实，要么无法真正发挥作用"[2]。

一、宅基地集体所有的主体界定

在农村集体土地所有权的问题上，理论界一直以来争论不休，至今未有共识。这也导致实践中对宅基地权利保护中由于所有权的模糊而产生了不少新的问题。对宅基地集体所有的主体界定既要探寻立法上的主体确认，亦应明确宅基地所有权的执行主体。这样才能明晰地完成宅基地的确权及放活过程中法律关系的梳理。

---

[1] 樊志全：《土地确权理论与制度》，中国农业出版社2003年版，第42页。
[2] 朱广新：《论土地承包经营权的主体、期限和继承》，《吉林大学社会科学学报》2014年第4期。

（一）（农民）集体是宅基地的所有权主体

《宪法》确认了在生产资料公有制的根本前提下的土地国有和集体所有。《宪法》确认宅基地为集体所有。但我国农村土地集体所有中的主体确认一直是学术界和实务界的争论点所在。"农村土地集体所有权承担着保障农民基本生存的重要角色，彰显对集体个人土地利益的平等保护，适应了农村社会主义发展的需要，也与农村集体土地社会保障功能相适应。"❶ 所有权主体不明确成为学术界一直探讨和造成实务界权利行使障碍的一个重点难题。立法上关于农村土地的所有权有三种表述：《宪法》表述为"集体所有"，《民法典》中为"农民集体所有"和"本集体成员集体所有"；《土地管理法》中表述为"农民集体所有"；《农村土地承包法》中表述为"农民集体所有"。❷ 这就造成了学界关于"农村土地集体所有"的多种学说。❸

从我国对农民集体的设置而言，是个人自愿联合在一起而结成的、将自

---

❶　韩松：《农民集体土地所有权的权能》，《法学研究》2014年第6期。

❷　《宪法》第10条：城市的土地属于国家所有。农村和城市郊区的土地，除由法律规定属于国家所有的以外，属于集体所有；宅基地和自留地、自留山，也属于集体所有。《民法典》第261条：农民集体所有的不动产和动产，属于本集体成员集体所有。第263条：城镇集体所有的不动产和动产，依照法律、行政法规的规定由本集体享有占有、使用、收益和处分的权利。《土地管理法》第9条：城市市区的土地属于国家所有。农村和城市郊区的土地，除由法律规定属于国家所有的以外，属于农民集体所有；宅基地和自留地、自留山，属于农民集体所有。《农村土地承包法》第2条：本法所称农村土地，是指农民集体所有和国家所有依法由农民集体使用的耕地、林地、草地，以及其他依法用于农业的土地。

❸　主要观点有：1. 集体土地所有权是一种由"农村集体经济组织"或"农村集体经济组织法人"享有的单独所有权。主要参见王卫国：《中国土地权利研究》，中国政法大学出版社1997年版，第114页；孙宪忠等：《论物权法》，法律出版社2001年版，第397页。2. 集体土地所有权是集体组织全体成员的共有权。主要参见肖方扬：《集体土地所有权的缺陷及完善对策》，《中外法学》1999年第4期；王景新：《现代化进程中的农地制度及其利益格局重构》，中国经济出版社2005年版，第35页。3. 集体土地所有权是传统的总有。主要参见梁慧星：《中国特权法草案建议稿——条文、说明、理由与参考立法例》，社会科学文献出版社2000年版，第271页。4. 集体所有权是一种新型的总有。主要参见韩松：《我国农民集体所有权的实质》，《法律科学》1992年第1期；王利明：《物权法研究》中国人民大学出版社2002年版，第304页。5. 集体土地所有权是集体组织所有与新型总有内在融合。主要参见温世扬，廖焕国：《物权法通论》，人民法院出版社2005年版，第367页。6. 集体土地有权是新型的合有权。主要参见王铁雄：《集体土地所有权制度之完善——民法典制定中不容忽视的问题》，《法学》2003年第2期。7. 集体土地所有权是村、村民小组、乡镇的所有权。主要参见谭庆康，潘智慧：《论我国村的民事法律地位——对我国农村产权制度的构想》，《法学》2003年第3期。8. 集体土地所有权是个人化与法人化的契合。主要参见孔祥俊：《民商法新问题与判解研究》，人民法院出版社1996年版，第378页。

己意志表达出来成为集体意志、对集体财产和利益共享决策权、成员享有集体利益并在困难时获得集体援助而形成的。"其核心是集体成员意志直达，集体利益成员共享。"❶ 《宪法》所规定的"集体所有"之"集体"是由"农民组成的集体"，与《民法典》和《土地管理法》等土地相关立法中"农民集体所有"是一致的。而"农民集体所有"即为"本集体成员所有"，因为由"农民组成的集体"中所指的"农民"并非泛化的农民，而是作为本集体成员的农民。这样一来，我国立法上关于农村土地集体所有的规定所指其实是一致的，如果造成实践困扰也是来自于立法表述上的不一而非内涵或外延上的错位。因此，宅基地所有权的主体即依据《宪法》确认为"（农民）集体"。

但是，正如捷克斯洛伐克民法学家凯纳普指出的那样："全民所有权是直接的社会所有，所有者虽为全体人民，但在法律上并不是一个所有者。"❷ 集体所有同样如此。全民所有与集体所有都是一个经济学上的概念而非法学，它们是出于政治制度的设计而非法学权利主体的设计。所以，不管是立法上表述为"（农民）集体所有"还是"本集体成员集体所有"都因"集体"本身并非民事法律关系的主体，它就无法真正地参与到与作为物权的所有权相关的民事法律活动中去，也不能就此承担义务和行使权利。这就使得依据《宪法》和土地相关立法的农村土地所有权主体只是一个法律上的形式的存在，而非实质性存在，需要一个专门行使集体所有权的民事法律主体的设定。覃塘区关于这一问题的规定就是很好的做法。《覃塘区农村宅基地集体所有权行使管理办法（试行）》中规定，农村宅基地属于农民集体所有。属于村农民集体所有的，由村集体经济组织或者村（居）民委员会依法代表集体行使所有权；分别属于村内两个以上农民集体所有的，由村内各该集体经济组织或者村民小组依法代表集体行使所有权。

---

❶ 向勇：《中国宅基地立法基本问题研究》，中国政法大学出版社 2015 年版，第 115 页。
❷ 孙爱平：《论农村集体土地所有权的主体》，《经济师》2004 年第 1 期。

（二）集体经济组织是宅基地所有权的执行主体

形式上的集体土地所有权主体需要行使其权能就必须落于实处。但基于现行法律的规定，在集体所有权的执行中又产生了新的执行主体多元化的问题：《土地管理法》和《农村土地承包法》中都有关于"集体经济组织、村民委员会、村民小组"❶经营、管理集体所有土地的规定，表明其为集体土地所有权的执行主体。但是，从层级角度看集体经济组织有村集体经济组织、村内集体经济组织（村小组）和乡（镇）集体经济组织三级。而从执行具体事务的主体类型角度看，实践中行使一定管理职权的有集体经济组织和村民委员会（村民小组）等基层群众自治组织以及乡（镇）人民政府。这就使得农村集体土地所有权的执行主体存在混乱，也在事实上违背了物权理论上"一物一权"的基本原则。

村民委员会（村民小组）是我国农村村民自治的工作机构。村民自治属于基层人民群众自治，是基层直接民主的体现。农村村民通过村民自治权直接行使管理与自己利益相关的公共事务。❷按照我国立法的设计，村民自治的目的是"为了维护村民各方面的公共利益"❸；从运行制度来看包括村民民主参与、民主选举、民主决策、民主管理、民主监督等。❹村民会议和村民代表会议是村民自治的权力机构，包括宅基地使用方案等涉及

---

❶ 《土地管理法》第十一条：农民集体所有的土地依法属于村农民集体所有的，由村集体经济组织或者村民委员会经营、管理；已经分别属于村内两个以上农村集体经济组织的农民集体所有的，由村内各该农村集体经济组织或者村民小组经营、管理；已经属于乡（镇）农民集体所有的，由乡（镇）农村集体经济组织经营、管理。《农村土地承包法》第十三条：农民集体所有的土地依法属于村农民集体所有的，由村集体经济组织或者村民委员会发包；已经分别属于村内两个以上农村集体经济组织的农民集体所有的，由村内各该农村集体经济组织或者村民小组发包。村集体经济组织或者村民委员会发包的，不得改变村内各集体经济组织农民集体所有的土地的所有权。国家所有依法由农民集体使用的农村土地，由使用该土地的农村集体经济组织、村民委员会或者村民小组发包。

❷ 《中华人民共和国村民委员会组织法》第一条：为了保障农村村民实行自治，由村民依法办理自己的事情，发展农村基层民主，维护村民的合法权益，促进社会主义新农村建设，根据宪法，制定本法。

❸ 董红：《当代中国村民自治问题研究》，中国农业出版社2014年版，第50页。

❹ 《中华人民共和国村民委员会组织法》第二条：村民委员会是村民自我管理、自我教育、自我服务的基层群众性自治组织，实行民主选举、民主决策、民主管理、民主监督。

村民利益的重要事项❶都要经过村民会议讨论决定。根据上述立法，村民委员会（村民小组）并不属于民事法律关系的主体，而其职能也更多在于保障农民非财产性权利的实现。对于农民的财产性权利的实现，则主要在于通过村民会议或村民代表会议进行民主参与和民主监督。因此，从其设置目的和职能以及法律定位的角度，村民委员会和村民小组都不适宜成为宅基地集体所有的执行主体。

乡（镇）政府是我国一级行政机关，是国家公权机关。宅基地所有权虽然基于土地的公益性特征而受公法调整，但这种调整限于土地用途管制而非基于私法上的所有权法律关系。宅基地所有权是土地私益性的内容，其行使主体应从私权主体中寻找，而不应由作为公权机关的乡（镇）政府代劳。

《民法典》规定了集体经济组织的特别法人的法律人格，❷ 即集体经济组织成为法定的民事法律关系的主体。这就为其可以成为宅基地所有权这一私权的执行主体奠定了法律基础。不过，集体经济组织的特别法人的组织机构和运行机制却迟迟没有立法予以规定。从立法角度看，本书作者认为，"农民集体以集体财产（包括宅基地）出资设立集体经济组织使得集体经济组织成为集体财产的实际所有人"来重构集体经济组织，使其成为集体所有权的执行主体是当前立法条件下更为便捷可行的方式。集体经济

---

❶ 《中华人民共和国村民委员会组织法》第二十四条：涉及村民利益的下列事项，经村民会议讨论决定方可办理：

（一）本村享受误工补贴的人员及补贴标准；

（二）从村集体经济所得收益的使用；

（三）本村公益事业的兴办和筹资筹劳方案及建设承包方案；

（四）土地承包经营方案；

（五）村集体经济项目的立项、承包方案；

（六）宅基地的使用方案；

（七）征地补偿费的使用、分配方案；

（八）以借贷、租赁或者其他方式处分村集体财产；

（九）村民会议认为应当由村民会议讨论决定的涉及村民利益的其他事项。

村民会议可以授权村民代表会议讨论决定前款规定的事项。

法律对讨论决定村集体经济组织财产和成员权益的事项另有规定的，依照其规定。

❷ 《民法典》第九十九条：农村集体经济组织依法取得法人资格。法律、行政法规对农村集体经济组织有规定的，依照其规定。

组织特别法人的设立可以参照公司法人的模式。当然,"农村集体经济组织内部经营管理者的人力资本水平越高,提高组织经营绩效的能力就越强,从而能更好地带动成员致富"。❶在集体经济组织的立法建构中,应注重对人才的任用,当然这也是城乡发展和乡村振兴的应有之义。

二、宅基地使用权中"户"的确认

农户在中国可谓耳熟能详,"农户"的立法使用在《农村土地承包法》中得以出现。❷因为并没有宅基地的专门立法,关于宅基地中"户"的使用见于《土地管理法》❸,即"一户一宅"原则的确立。在《中共中央、国务院关于实施乡村振兴战略的意见》(2018 年"中央一号文件")中对农村土地制度改革的表述为:"落实宅基地集体所有权,保障宅基地农户资格权和农民房屋财产权。"其将"资格权"(本书作者认为,在立法中应表述为"宅基地使用权",本书在之后的行文中即采用这一表述)的主体也限定为"农户"。上文也已经分析,宅基地使用权的主体天然地带有身份的要求,这要求从立法表述和政策主旨中即为"农户"享有宅基地使用权。

"农户"的概念在中国古已有之,如商鞅以"户"为单位建立的什伍组织、《分田令》中"家有二男不分居者,倍其赋"❹等,都是"户"的体现。宅基地使用权与土地承包经营权是对应的概念,我们可以从立法对土地承包经营权主体的规定中管窥宅基地使用权主体之"农户"的表征。从历史形成的角度看,"农户"是专门从事农业生产的家庭构成,是农业

---

❶　孔祥智:《中国农民专业合作社运行机制与社会效应研究》,中国农业出版社 2012 年版,第 132 页。

❷　《农村土地承包法》第十六条:家庭承包的承包方是本集体经济组织的农户。农户内家庭成员依法平等享有承包土地的各项权益。

❸　《土地管理法》第六十二条:农村村民一户只能拥有一处宅基地,其宅基地的面积不得超过省、自治区、直辖市规定的标准。人均土地少、不能保障一户拥有一处宅基地的地区,县级人民政府在充分尊重农村村民意愿的基础上,可以采取措施,按照省、自治区、直辖市规定的标准保障农村村民实现户有所居。

❹　张晋藩:《中华法制文明的演进》,中国政法大学出版社 1999 年版,第 79 页。

社会中最基本、最底层的社会组织。根据《农村土地承包法》的规定，可以推出所谓"农户""在依法承包农村土地之前，仅仅是以婚姻和血缘为基础纽带组成的社会组织体，不是一种独立的民事主体；在依法承包农村土地之后，依照土地承包合同规定从事农业生产，家庭作为单纯的社会组织体，转变成为土地承包法律关系的主体，即具有了独立的民事主体资格"❶。根据法律的规定，"农户"是土地承包经营的主体，而"农村承包经营户"是家庭承包责任制下"农户"承包土地的结果。❷ 因此，作为法律主体的"农户"应是"农村家庭"而非"农业家庭"。与之对应的，宅基地使用权制度的设置与土地承包经营权相匹配。由此，作为宅基地使用权主体的"农户"与作为土地承包经营权主体的"农户"在外延上应是一致的，属于"农村家庭"。

随着城市化的发展，很多农民不再从事农业生产转而投入第二、三产业；而其居住地也可能随着工作而迁移到城市中去，但是，其居住保障却仍是以农村住房（宅基地保障功能）为首。"在我国社会实践中，'农户'的概念至少有以下几重含义：一是以户的职业为标准，'农户'所对应的概念是'个体工商户'，前者是以从事农业生产为主，而后者是以从事工商业经营为主；二是以户的经济区域为标准，农户是居住在农村的家庭（户），其所对应的概念为'城市或者城镇户'；三是以对户的行政管理为标准，农户是户籍管理机关辖区内家庭，其对应的概念为户籍管理机关辖区内的'单位（户）'，及单位户口。"❸ 以职业为标准和以居住地为标准显然不适用于当前背景下对"农户"的认定；以户籍为标准对当前"农户"的界定更为合适。而且公安部《关于执行户口登记条例的初步意见》第9条规定："在本户口管辖区的住户，由一户分为数户，或者由数户并为一户的，根据申报，给予办理分居、并户手续。"这一规定也为"农户"

---

❶ 李永安：《中国农户土地权利研究》，中国政法大学出版社2013年版，第13页。
❷ 李永安：《中国农户土地权利研究》，中国政法大学出版社2013年版，第8页。
❸ 李永安：《中国农户土地权利研究》，中国政法大学出版社2013年版，第6页。

基于生活需要分户或并户提供了指引，避免了因为"一户一宅"原则与宅基地原始取得后家庭人口变化产生的现实需求之间的矛盾。

三、宅基地次级使用权的主体资格

传统的宅基地使用权制度基于身份的限制造成宅基地使用中的诸多问题。正如学者汤文平所言："强制要求农民住宅房权和地权捆绑转让的做法系仿自'国产'的建设土地使用权的'房权地权一起走'，并非真正意义上的'地随房走'，在本质上意味着房地关系从私权层面向事实层面的蜕化，其后果是限缩了宅基地上私法自治的空间。"❶ 宅基地"三权分置"下对宅基地次级使用权的分离在于放活宅基地的财产属性，扩充宅基地上私法自治的空间。宅基地次级使用主要是为优化宅基地资源配置，增加农民的财产性收益的目的。因此，在不侵害农民利益、不违背国家用途管制的前提下，宅基地次级使用权的主体并不需要如土地经营权主体一般有资质上的要求，只要具备民事法律关系的主体地位即可成为宅基地次级使用权主体。当然，这就包含了自然人和法人，自然人也无须区分是否为本集体经济组织成员。

不过需要注意的是，我国宅基地制度乃至于农村土地制度的使用设置都是以保护和实现农民权益为根本的，是农民权益实现和保障的基础所在。即使政策推动宅基地"三权分置"探索，意在放活宅基地的使用，但其根本目的仍然是以增加农民的财产性收益为核心的。这样一来，在宅基地次级使用权的主体选择上，虽然扩展为具有民事法律关系主体，但是仍应确认集体经济组织成员的优先权。即在同等条件下应以本集体经济组织成员的使用优先，其他集体经济组织成员次之和非集体经济组织成员的其他民事主体最后的顺位安排宅基地次级使用权。

基于上述分析，"三权分置"后宅基地上的权利体系成为宅基地所有

---

❶ 汤文平：《宅基地上私权处分的路径设计》，《北方法学》2010 年第 6 期。

权、宅基地使用权以及宅基地次级使用权的物权体系。这一方面适应了我国经济社会发展的需求；另一方面，无须对现行法律进行大幅度的改动。而且，历史实践表明，宅基地上权利分解的事实状态在清代长三角地区就已经存在且运行良好。今天，中国城乡发展所面临的问题恰好可以从前人的智慧中寻求解决的方案，这又何尝不是一种传承与发展。

第四章　宅基地"三权分置"的运行机制

　　曾有学者对宅基地使用权流转抱悲观态度。如胡吕银认为："赋予宅基地使用权充分的可流通性，其结果或者使大批农民沦为流民，或者瓦解农村宅基地的定量分配制度。无论哪一种后果，都是中国社会所不能承受的。因此，中国社会不仅要禁止宅基地使用权的自由移转，而且要防止变相自由移转宅基地使用权的情形出现。"❶ 孟勤国也指出："如果说土地承包经营权是'耕者有其田'，宅基地使用权则是'居者有其地'，两者共同构成了农户吃住的两大基本生存保障。禁止宅基地转让也是为了维护社会稳定，防止强势群体剥夺弱势群体的利益，对禁止宅基地转让的法律政策提出的质疑，其理由在理论层面上站不住脚。"❷ 而宅基地"三权分置"的制度旨意在于农村宅基地使用的放活以及集约节约利用农村土地资源。宅基地"三权分置"一方面拓展了宅基地使用的主体；另一方面强化了宅基地的经济价值。"三权分置"后，宅基地上权利的运行除却传统的使用制度外，更为宅基地的流转、继承和退出提供了制度依托。本书作者不再具体探讨传统农村宅基地的使用制度，而是从"三权分置"与宅基地流转、继承和退出三个角度探寻宅基地制度的运行机制和立法设计。

---

　　❶ 胡吕银：《中国土地权利立法论纲》，《扬州大学学报（人文社会科学版）》2007 年第 2 期。

　　❷ 孟勤国：《禁止宅基地转让的正当性和必要性》，《农村工作通讯》2009 年第 12 期。

第一节 "三权分置"下宅基地权利运行的前提

宅基地"三权分置"的价值不仅仅是立法上对权利的界分,更是宅基地上的权利束在实践中的运行。在现行"两权分离"模式下形成的宅基地使用与"三权分离"后存在较大差异。而实践中背离当前"两权分离"制度的操作亦非鲜见。要想实现宅基地"三权分置"后对宅基地使用的有效放活,首先要做的是化解当前宅基地使用中存在的问题,为"三权分置"下宅基地权利运行机制打下规范化基础。

一、对已有宅基地权利使用情况的法律规制

宅基地的福利性和保障性对公平价值的要求更应严格,而当前宅基地使用中存在的问题严重违背了法律上公平之价值要求;宅基地挤占农田和闲置更是对法律规则的违反。为保证流转效率的实现,首先要解决宅基地使用权配置的公平问题。确权登记和有偿使用成为规制宅基地使用积弊的必然。结合试点实践以及法理,对于本集体经济组织成员符合法定条件的使用,应严格贯彻确权登记并采用登记生效主义予以保障;其他情形下的宅基地使用,法律规制可如表6所示。

表6 已有宅基地使用情形的规范化处理模式

序号	情形	处理办法	法定限制
1	符合法定条件	确权登记	登记生效
2	一户多宅	择一处确权登记,其余自愿退出或由集体经济组织收回	自主选择,只对符合法定条件的一处宅基地进行确权登记;有偿自愿退出或法定收回予以补偿
3	一户多房	确定为建设用地,有偿使用	符合土地利用规划,只登记不确权
		以违建拆除	/

序号	情形	处理办法	法定限制
4	一户一宅但面积超标	拆除超标面积	/
		拆除危及使用和邻居安全的部分,其余住房面积保留	只确认登记符合面积的宅基地使用权,超过面积不确认宅基地使用权,只确认宅基地次级使用权并缴纳使用金
5	非集体经济组织成员使用宅基地	因房屋所有权而使用宅基地的,不得对房屋进行翻新、重建	登记房屋所有权,有偿享有宅基地次级使用权
		因租用房屋使用宅基地的,按照协议使用期限使用	确权登记宅基地次级使用权,有偿享有宅基地次级使用权
6	宅基地闲置	限期使用或强制收回	缴纳罚款并限期使用(2年内),否则按照法定收回程序由集体经济组织收回

根据表2,宅基地使用的法律规制有三。第一,对于符合法定条件的宅基地的使用,采用登记生效主义。不动产登记生效是原则,根据我国《民法典》中"物权"的有关规定,不动产物权的设立、变更、转让和消灭,经依法登记发生法律效力,法律另有规定的除外。宅基地作为不动产物权理应采用。而且当前宅基地的保障功能和福利性质尚不能尽数退除,登记是避免合同风险的重要方式。另外,确权登记的生效主义原则是宅基地流转中稳定的根本前提;同时也解决了宅基地使用权和宅基地次级使用权抵押的后顾之忧。第二,本集体经济组织成员在法定条件外和非本集体经济组织成员对宅基地的使用采取有偿使用原则。有偿使用确认了非本集体经济组织成员对宅基地的次级使用权,也解决了通过继承方式获得的对宅基地上房屋的"房地分离"问题。事实上,对宅基地的有偿使用并非目的,而是通过有偿,扩大了使用主体的范围,强化了宅基地的收益权能同时形成"倒逼"机制,刺激宅基地流转以提高利用率。有偿使用的费用收归集体支配,具体使用于公共服务建设,以及宅基地有偿退出等,是公平价值下的有益探索。此处有偿使用之宅基地使用金类似于城市建设用地的

土地出让金，这对城乡一体化发展也大有裨益。❶ 第三，违规建筑的拆除和宅基地闲置的罚款及限期使用。这种方式具有惩罚性质且有利于提高利用率，强制收回更是公平和效率价值的综合体现。我们认为，法律对现实中宅基地使用不同情形的规范化处理，一方面化解了当前宅基地使用和管理中的积弊，另一方面更为流转奠定了坚实的法律基础和有效的刺激机制。宅基地"三权分置"改革的主旨既要维持稳定又要实现放活，既体现公平又促进效率，这一两难的目标在这里实现了统一。

二、宅基地上权利运行机制的基本原则

中央及各地的政策文件、立法以及实践中都在强调和践行宅基地制度改革的依法、自愿原则并进行有偿使用的积极探索，为"三权分置"下宅基地权利的运行体系奠定了基调。现行的《土地管理法》已明确了宅基地依法自愿有偿退出❷的基本原则；2021 年修改的《土地管理法实施条例》亦有相同规定。❸ 不管是宅基地的退出还是宅基地流转以及宅基地的继承，都是原有主体宅基地权利在一定程度上的丧失。因此在宅基地的运行机制中更应强调和证成如下基本原则。

第一，坚持宅基地权利运行过程的合法原则。合法原则是依法治国方略在农村宅基地运行制度中的具体实施。农村宅基地制度的改革要有法可依，有法必依，方能保证宅基地制度改革中农民的合法权益和运行的有序推进，进而维持农村社会的稳定秩序。我国《宪法》规定了包括宅基地在内的农村土地的农民集体所有制。农民基于成员权对农村宅基地享有占有、使用、收益和处分的权利。在农村宅基地权利的运行中，因为不管是流转、继承还是退出，既可能关涉与农民身份直接相关的宅基地使用权，

---

❶ 有偿之标准应考虑区片价格、预期收益、地域差异等多种因素合理确定。

❷《土地管理法》第六十二条：……国家允许进城落户的农村村民依法自愿有偿退出宅基地，鼓励农村集体经济组织及其成员盘活利用闲置宅基地和闲置住宅。……

❸《土地管理法实施条例》第三十五条：国家允许进城落户的农村村民依法自愿有偿退出宅基地。乡（镇）人民政府和农村集体经济组织、村民委员会等应当将退出的宅基地优先用于保障该农村集体经济组织成员的宅基地需求。

也可能只涉及财产性的宅基地次级使用权，又或者使用权与次级使用权皆是权利行使的客体。整个宅基地权利体系的运行都直接关涉到农民的根本利益。我国立法坚持"以人为本"的基本宗旨，农民在制度性资源的分配中事实上还处于弱势群体的范畴。要保障农民利益的切实实现，必须将关涉农民切身利益的事项纳入法治的轨道中去，以法律的强制力为后盾来保证社会资源的合理分配和利益的落实。农民的弱势性还体现为利益诉求表达和救济机制上。尤其是在宅基地流转、退出这种与其利益息息相关的制度改革中，农民的主体地位、权利内容、救济渠道等都应有法律的明确规定。我国现行立法中已经明确规定"依法取得的宅基地受法律保护"，也就意味着农民的宅基地权利不论是否依然是其必然的生存和生活的基本保障，也无论是继续留在农村还是进入城市谋生，非经法定程序和方式，任何人都无权剥夺。上述内容的实现就要求我国出台相应的立法对此予以规范。而在立法中要坚持《宪法》和已有法律的一致性，遵循法制统一原则，避免立法的矛盾对宅基地上权利运行实践的负面影响。

第二，坚持宅基地权利运行的自愿原则。自愿原则是指宅基地的权利运行以农民为主体，充分尊重农民意愿，由农民自主参与和决定，农民在宅基地权利的享有和处分中占据主导地位。在各中央政策文件和相关立法中对农民宅基地使用的规定中都一再强调"自愿"原则。宅基地上权利运行必须坚持自愿原则是基于以下两个原因。其一，事实上，宅基地以"三权分置"放活宅基地上的使用权和次级使用权是我国经济社会发展到一定条件下的产物，是为了适应我国快速发展背景下高效利用土地的新趋向。因此，宅基地"三权分置"制度改革的很大动因是一种外生力量，宅基地本身带有的无偿使用、无期限限制以及身份性等特征，决定了宅基地资源的福利性特征。虽然现阶段不少农民已经摆脱了完全依赖宅基地为居住保障，但是在城乡二元的结构下，宅基地仍然是其非常重要的后盾。因此，宅基地的流转与退出一定是在主体对宅基地的需求降低到不以其作为基本保障的前提下的自愿选择，才不枉费宅基地制度的设立初衷。其二，根据当前的立法和政策，确权颁证是宅基地制度改革中一项非常重要的内容。❶ 现行立法对宅基地使用权的用益物权属性也有明确规定。根据民事法律的基本原理，作为一项民事权利的用益物权，权利主体的处分权能不受任何组织和个人的干预。宅基地的流转、继承和退出应尊重权利主体的意愿，尤其是应坚持和保障农民的主体地位，在宅基地上权利的运行过程要遵循主体的自由意志而不得强制。需要注意的是，在宅基地征用、集体依法收回宅基地等法定退出的非农民自愿情形中，也一定要在法律允许的程序和范围之内。

第三，坚持宅基地权利运行的有偿原则。宅基地运行中的有偿原则可以从两个视角分析，一是有偿使用，二是有偿退出。有偿使用，主要是针对非集体经济组织成员对宅基地次级使用权的有偿使用，以及对本集体经济组织成员在过去使用中所形成的历史问题的法律规制。因为宅基地的福利性和保障性功能依然存在，所以超过该基本属性的宅基地使用均应支付相应对价。这也是民事法律关系中等价有偿原则的基本原理。在退出中，有偿原则是指宅基地不管是自愿退出还是强制性退出，均应根据一定的标准给予补偿。宅基地退出有偿原则的确立是基于如下原因：其一，根据上文分析，宅基地使用权和次级宅基地使用权均是用益物权，属于财产权的范畴。作为财产权的内容，尤其是"三权分置"后，宅基地上的使用价值和交换价值更甚从前。宅基地的退出不管是退出使用权、退出次级使用权，还是使用权与次级使用权的双重退出，都会给受让方带来经济利益。这种退出带来的经济收益虽非市场行为，但接下来宅基地不管是重新分配给集体经济组织的其他成员还是流转给其他主体，都会产生经济价值。基于此，有偿退出具有合理性和正当性。其二，宅基地资源是紧缺资源，我国目前宅基地的使用在一定程度上还处于粗犷模式，零散建房、大面积院子以及单层建房等使用方式在一定程度上是对土地这一稀缺资源的浪费。城市化以来，城市建设用地日益紧张推动了对农村建设用地的需求。特别是近年来城乡建设用地"增减挂钩"政策的执行，更是要求对农村建设用地进行集约和节约使用。有偿退出能够刺激一

---

❶ 付江涛，纪月清，胡浩：《新一轮承包地确权登记颁证是否促进了农户的土地流转——来自江苏省3县（市、区）的经验证据》，《南京农业大学学报（社会科学版）》，2016年第1期。

大部分闲置宅基地的回收和再分配，这样做既增加了农民的财产性收入，也推动了节约、集约用地原则的落实。从另一个维度而言，进城务工的农民在面对城市房价居高不下的现实情况时，宅基地有偿退出的补偿金可以解决其进城后的居住问题。有偿退出在一定程度上成为一种激励性手段，既解决了农民进城难的困境，又为农村土地的优化配置提供条件。其三，宅基地除却保障功能、财产功能、生产功能外，还在事实上存在一种心理功能。这种功能源自中国传统"落叶归根"和"安土重迁"的心理因素。中国人对于故土有一种深深的依恋情愫。如无必要或者没有一定的刺激机制，很难完成闲置宅基地的退出和有效利用。有偿可以成为部分人退出宅基地的重要考量因素。而且，我国宅基地使用权制度在设立之初本身就包含着保障性特征，是农民居住权的基本要求。"土地在农民社会内的作用远远不止于有其价格的另一种生产要素：土地是农户抵御生活风险的长久保证，是农户在村庄和社区内社会地位的一种表现。"[1] 宅基地"三权分置"改革一方面要通过市场机制来进一步优化农村宅基地的资源配置模式，另一方面要成为农民抵御生活风险的长远保证。有偿退出是当前保障退出宅基地农户根本利益最直接、最有效的手段。

除却上述依法、自愿、有偿的基本原则外，宅基地使用的运行过程中还应遵循公平原则。公平原则要求在宅基地权利运行中平等地评估和确认参与流转和申请退出的地块，公平、公正、合理地制定具体补偿方案，坚持程序公平，保障退出主体的合法权益。总之，在宅基地"三权分置"下权利体系的运行机制中，部分权利有暂时性或永久性灭失的可能，在宅基地权利运行过程中，应更加关注基本原则的把握。

第二节 "三权分置"下宅基地流转的法律路径

"随着社会转型不断深入，农村经济社会条件发生了巨大的变化，部

---

[1] ［英］艾弗兰克·利思：《农民经济学——农民家庭农业和农业发展》，胡景北译，上海人民出版社 2006 年版，第 9 页。

分农村的区位，基础设施状况，用地结构发生急剧变化，使得农村宅基地功能也在发生变迁，农村宅基地的相对价值在发生变化。"❶ 社会保障和财产性收益的双重需求以及市场的召唤加速了宅基地流转的进程。"在财产法上，通过法律关系获得的权利是一种利益，这种利益既是可享有的，也是可处分的。人们以一定的法律行为处分其权利时，这种权利就成为一个新的法律关系的客体。同样，新的法律关系中的权利人，也可以通过法律行为处分这项权利。这样，就形成了权利的流转。"❷ 遵循法律价值解决现有积弊是有序流转的前提；流转路径的法律化是法律效率价值得以实现的基础，是达成流转目标的保障。

一、宅基地上权利流转的主体及形式

土地流转是土地使用权在平等主体之间的转移，是建立在民事主体平等、自愿和有偿的基础之上土地权利在主体间的移转。集体经济组织成员通过审批方式获得宅基地使用权有主体身份上的限制，更具行政行为的属性而不属于此处之流转内涵。"三权分置"后可以流转的宅基地权利包括农户宅基地的使用权和其他民事主体的宅基地次级使用权。根据当前试点的实践经验，在宅基地中可以采取的流转方式主要包括出租、置换、转让、赠与、抵押等。通说中包含的宅基地权利的继承和退出将在本书中分别加以论述。

基于"三权分置"，宅基地上权利体系中可以参与宅基地权利流转的主体变得多元，继而形成了集体经济组织主导流转、农户自主流转和其他民事主体自愿流转三种不同的具体形式。集体经济组织主导一般表现为与村民协商，对其宅基地进行规划，统一建造多层或高层住宅区，或由其引进开发商与村民协调进行宅基地的重新规划建造，对村民进行宅基地和房屋的重新配置并接受跨集体经济组织成员和非集体经济组织成员对宅基地

---

❶ 瞿理铜：《大国农村宅改：基于社会转型与功能变迁的视角》，湖南师范大学出版社 2021 年版，第 51 页。

❷ 王卫国：《现代财产法的理论建构》，《中国社会科学》2012 年第 1 期。

及其上房屋的租用。当然,要实现这种模式的宅基地流转需要具备三个必要条件:一是本村具有雄厚的经济实力或较强招商引资能力;二是地理位置较好,与市镇距离较近;三是村集体干部有较强的威信、胆识和组织协调能力。农民自发流转具有很强适应性且能保证农民自主和收益,这也是当前宅基地流转"隐形市场"的普遍现象,具有流转对象多元、形式多样等特征。在其他民事主体之间的流转是对宅基地次级使用权的流转,在目前其他民事主体主要是流入方。几种不同主体作为流转主体的流转方式,具体而言表现为:

第一,流转主体是集体经济组织的。集体经济组织在宅基地的使用权上,流出是对农户宅基地使用权的分配,流入则为农户退出。故不是此处讨论的内容。集体经济组织作为宅基地次级使用权的流转主体,其流转受让方为非本集体经济组织成员,流转方式可以采用出租、抵押、转让等。

第二,流转主体是农户的。农户的宅基地使用权只能流转给本集体经济组织成员,这是基于宅基地保障功能的限定。"三权分置"后宅基地次级使用权的分离更应强化宅基地使用权的保障作用,因此只能在本集体经济组织成员之间流转。流转方式可以为转让、赠与、互换等。不过,如果农户将宅基地使用权转让、赠与后就不可以再申请宅基地使用权。农户的宅基地次级使用权的流转受让方既可以是本集体经济组织成员,也可以是非本集体经济组织成员的其他民事主体。流转给本集体经济组织成员的,流转方式可以采用出租、转让、赠与、抵押;流转给非本集体经济组织成员的,流转方式可以采用出租、抵押。一般而言,农户的宅基地次级使用权与宅基地使用权相关,如果农户基于退出宅基地次级使用权而丧失宅基地使用权,宅基地次级使用权法律关系的主体也应随之发生变化,一方主体由原农户转为集体经济组织。

第三,流转主体是非本集体经济组织成员的。非本集体经济组织成员只享有宅基地次级使用权,其流转对象既可以是本集体经济组织成员,也可以是非本集体经济组织成员的其他民事主体。其流转方式可以是出租、转让、抵押等。

关于抵押,《民法典》第三百九十九条规定:"下列财产不得抵押:……

(二)宅基地、自留地、自留山等集体所有土地的使用权,但是法律规定可以抵押的除外。"《民法典》"但书"的规定成为 104 个试点进行宅基地抵押试点政策的法律背景,更是为宅基地抵押流转的合法化留下空间。事实上,早在 2004 年《土地管理法》中,"破产"的规定就暗含了"集体土地使用权以抵押方式转移"的内容,但是 2019 年《土地管理法》又将此限定为"集体经营性建设用地"。不过,《民法典》第四百零六条规定:"抵押期间,抵押人可以转让抵押财产。当事人另有约定的,按照其约定。抵押财产转让的,抵押权不受影响。"在最高人民法院第五巡回法庭 2019 年第 92 次、第 96 次《法官会议纪要》中,法官一致认为:被拆迁人对于补偿安置房屋主张的优先取得权利,应优于抵押权人。因此,抵押应是宅基地"三权分置"后流转的法律形式。关于赠与,因为宅基地本身的保障性功能,宅基地"三权分置"的目的是放活宅基地使用,从而激发其财产性功能,以增加农民的财产性收益。因此,赠与的流转方式应限于本集体经济组织成员内部更为合理。

二、宅基地使用权和次级使用权流转的路径设计

"三权分置"对宅基地使用权的放活是有限度的,是严格限制在集体所有和土地用途管制的基础之上的;基于宅基地使用权设立之保障性,其流转又必须以维护农民权益为根本。宅基地改革三条底线之"农民利益不受损"是核心,围绕这一核心的流转路径设计是必要且迫切的。对于宅基地权利之流转要结合我国现有实际情况予以区别对待,在流转模式上可"以农民主导为主、政府(多以集体经济组织具体实施)引导为辅、不断扶持市场"的思路进行设计。

农民以成员权为依据从集体获得宅基地使用权并进行确权登记。农民在宅基地使用中可根据实际情况决定是否流转其宅基地使用权或宅基地次级使用权。如果流转,方向有四:一是通过转让、赠与、互换等方式将宅基地使用权流转给本集体经济组织成员;二是采用出租、转让、赠与、抵押等方式将宅基地次级使用权向本集体成员流转;三是通过出租、抵押等

方式将宅基地次级使用权向非本集体成员（其他农民集体经济组织成员或城镇居民）流转；四是通过抵押将宅基地次级使用权向企业、银行等流转获取贷款。在流转过程中，通过协商或由中介组织介入议定价格、签订流转协议，并到土地管理部门进行登记，完成流转。这里，应充分发挥中介组织的作用，保证农户在流转中信息和地位的平等；另外，根据《民法典·物权编》的规定采用登记生效主义，确保流转的法律效力。

　　一般情况下，以集体经济组织或地方政府主导的宅基地权利流转规模较大、收益较高，同时也更容易对农民土地权益产生侵犯。在流转中应从四个方面重点考虑。第一，比例原则。集体经济组织主导的流转多以节约集约利用土地、实现集中居住为目的，因此是以公共利益为流转圭臬的，那么公共利益和农民权益之间的比例就成为必要的考量。笔者对农民自发流转和公权推动流转下农民土地权益进行评价发现，除却生活环境的改善之外，在居住条件、生活方式和心理状况等方面，农民并没有获得很高的满足。❶ 此外，农民就业、劳作、子女教育等都是必要因素。因此在流转中必须保证必要性和可行性，从比例原则的角度出发，确保获益大于对农民宅基地使用的变化。第二，民主原则。农民的话语权是保护其合法权益免受侵害的根本所在，应充分保障农民的民主参与和决策。因此，在集体经济组织主导的宅基地流转中应以农民自愿为主，农民具有最终的决策权，切不可盲目推进，大搞"形象工程"。第三，注重引导。在此种看似"被动流转"的模式中要通过相应的引导使农民变被动为主动，也即在流转过程中的首要原则必须是农民自愿，在引导方面则可以通过以下途径：一是，基础设施利导。公共基础设施是集中居住的必要条件，完备的基础设施建设能够形成吸引作用。可以通过必要的公共基础设施的建设来吸引农民或企业集中居住或投资建房，从而形成流转利导。二是，土地规划指引。农民会根据地区发展规划进行居住位置的选择。可以通过制定土地利用和整理规划、明确区域经济发展的方向等方式，使得农民和投资者根据

❶ 柴荣，王小芳：《农民土地权益保障法律机制》，社会科学文献出版社2017年版，第105页。

规划进行建设，从而形成指引作用。通过引导，增强农民流转的意愿以吸引农民主动流转。

当然，市场的作用不容忽视，以市场为主导的宅基地流转模式最容易形成人口的集中居住且不易产生尖锐的社会矛盾，集体经济组织和农户之外的其他民事主体对宅基地的流转主要决定于市场。但是，我国目前土地流转市场机制尚未完善，这种方式主导的流转模式目前还不明显，隐藏在农民自主和集体经济组织主导的模式之中。尽管如此，在路径的设计中应全面考虑农村剩余劳动力和社会保障的问题。

需要注意的是，根据目前的法律对土地用途的限制，农民不得任意改变集体土地的用途。因此，不管是由谁主导的宅基地流转，流转协议中应明确宅基地使用之居住用途；确有必要而形成的商用流转产生的增值收益应归土地所有权人即集体经济组织所有而非原使用权人，这同"国有土地改变用途的应当调整土地使用权出让金"的道理是一样的。

农村宅基地和房屋是农民最重要的财产内容，当然也是农民最大的财产收入来源。法律将宅基地上的使用权规定为用益物权一种，[1] 那么农民通过宅基地使用权享有收益权与法理相符。而且现阶段宅基地流转对于带动城乡经济一体化发展、优化资源配置、为城市中低收入者提供廉价住房，以及为农村公共基础设施、社会保障提供资金和便利，都具有极为重要的现实意义。[2] 宅基地"三权分置"完成了宅基地上物权体系的构建。集体所有权和《民法典》中农村集体经济组织的法人地位"在民法上奠定了其扎实的民事主体资格"[3]，坚守了公有制不变的底线；农户宅基地使用权直接设立于集体所有权，主体的限制成全了宅基地福利性质的保障功能；宅基地次级使用权丰富了宅基地的使用，充分实现了其经济价值和市场价值。"集体所有权只有具体化为各种成员利益，方能真正保障其权利

---

❶ 王崇敏：《论我国宅基地使用权制度的现代化构造》，《法商研究》2014 年第 2 期。

❷ Barzel Y. Economic Analysis of Property Rights［M］. Cambridge：Cambridge University Press, 1984：52 – 53.

❸ 陈甦：《民法总则评注》，法律出版社 2017 年版，第 701 页。

目标得以实现。"❶ 有偿使用是公平价值的实现,同时也增加了集体经济组织的收益和资金存储以进行基础公共设施建设。法律确认非集体经济组织成员通过流转享有宅基地次级使用权是农民财产性权利实现的法律支持。当然,宅基地流转是城镇化发展一体化的重要内容,而城镇化是一个系统工程,不仅是制度的变更,技术支持也是至关重要的;流转信息平台和人口流动管理系统的建设对优化宅基地流转大有裨益,这恰是法律与科技的有益合作。

第三节 "三权分置"下宅基地继承的法律路径

随着我国城市化进程的推进,农民市民化在户籍上的体现愈发明显。然而不管户籍为何,基于乡土情怀的传统特质和财产传递的合理诉求继承父祖留下的宅基地上的房产与中国传统文化契合,也符合法律的规定。"三权分置"的制度动因在于调和基于公益出发的保障功能所体现的公平价值和基于私益出发的财产属性所要求的效率价值之间的矛盾。宅基地使用权继承纠纷司法裁判的困境亦在于"两权分离"模式下宅基地使用权的身份要求和房屋所有权的财产权益之间的矛盾。而"只要社会保障体系未在农村全面覆盖,宅基地使用权就仍应具有生存保障功能"❷。当前整体社会发展背景中农村宅基地使用权的保障功能仍不可废弛,而财产属性的实现亦不可避免。"三权分置"的宅基地立法即可以化解"两权分离"模式下宅基地继承的立法和司法问题。"现行宅基地制度的理论基础发生了较大改变,且这种改变的趋势越发显著,制度改革需要丰富使用权的用益权权能,并推动实际权能的合法化。"❸

---

❶ 管洪彦:《农民集体成员权研究》,中国政法大学出版社 2013 年版,第 39 - 40 页。
❷ 刘俊:《中国土地法理论研究》,法律出版社 2006 年版,第 308 页。
❸ 董新辉:《新中国 70 年宅基地使用权流转:制度变迁、现实困境、改革方向》,《中国农村经济》2019 年第 6 期。

一、对传统宅基地继承的冲突化解

在当前"两权分离"模式下的司法实践中，宅基地上的继承问题总体可归纳为三个焦点：一是身份和权能是否影响宅基地使用权的继承；二是"房地一体"原则是否能够解释宅基地使用权可以继承；三是"一户一宅"是否影响宅基地使用权的继承。宅基地"三权分置"使这些问题不再冲突，为化解当前宅基地继承问题提供了规范性指引。

（一）宅基地次级使用权解决了宅基地继承的适格性

宅基地使用权的用益物权属性是毋庸置疑的，宅基地使用权在原《物权法》以及现行《土地管理法》乃至《民法典》中都规定在"用益物权"篇，这就表明了其用益物权的法律属性。但是，宅基地使用权又是一项"有限"用益物权，因为宅基地使用权从公法上受到主体身份和使用权能方面的限制。这就决定了宅基地使用权的身份限制与宅基地使用权的权能限制形成了宅基地使用权在立法上的不可继承性。

第一，宅基地使用权的身份限制与不可继承性。"农村土地权利具有很强的身份依附性，农村土地权利的赋予和消灭均与其具有农村集体成员（或家庭成员）身份密切关联。"[1] 这在宅基地使用权制度中体现得尤为明显。我国宅基地制度设立的初衷就是要对农民的居住权提供基本的保障，这在前文中已有详细论述。从继承的角度看，尽管后来确有部分政策文件表述了"继承宅基地上房屋的可以确权建设用地使用权"[2]，但没有一个文本表述或者表达出"可以继承宅基地使用权"的意思，反而有明确禁止城

---

[1] 李红娟：《农村土地产权制度改革——从身份到契约的嬗变》，中国政法大学出版社 2017年版，第 79 页。

[2] 1995 年国家土地管理局关于印发《确定土地所有权和使用权的若干规定》："继承房屋取得的宅基地，可确定集体土地建设用地使用权。"

镇户籍子女对宅基地使用权单独继承❶的规定。这至少表明国家对于宅基地使用权的继承持观望态度，学理上如果一概而论认为具有继承性显然与宅基地使用权主体的身份限制不相匹配；如果确认区分身份的继承性则仍无法解决宅基地使用权继承的适格性问题。

第二，宅基地使用权的权能限制与不可继承性。将宅基地使用权上所附着的身份性从财产性中剥离出来才能真正体现其资本化的价值，这一道理是毋庸置疑的。有学者认为，宅基地使用权的"生活保障功能被最大价值化，而其作为财产权的权能却受到严格限制"❷。而问题在于，不管宅基地使用权能否继承都无法解决宅基地使用权资本价值的实现。2014年中共中央、国务院印发的《关于全面深化农村改革加快推进农业现代化的若干意见》规定，"慎重稳妥推进农民住房财产权抵押、担保、转让"，2017年《中共中央、国务院关于深入推进农业供给侧结构性改革加快培育农业农村发展新动能的若干意见》提出"出租、合作等方式盘活利用空闲农房及宅基地，增加农民财产性收入"；《关于实施乡村振兴战略的意见》提出"保障宅基地农户资格权和农民房屋财产权"，而这些政策文件的前提都是保障农民权益的基础，这里不仅要保障其用益物权的利益，更是要保障农民的居住利益。

基于上述关于宅基地使用权身份性以及保障性的讨论，即使立法将其明确在"用益物权"，但其必然存在与传统物权理论对用益物权的认识不一致的地方。在我国土地二元公有制之下，国有土地和集体土地的权利体系的性质本身就是不同的。究其根源，建国初期采取以牺牲农村服务为代价、以资金和生产要素向城市单向流入的方式来加速推进工业发展的战略以恢复经济、发展国力，这是不得已的选择；而对于城乡二元格局的形成

---

❶ 2008年《房屋登记办法》第八十七条："申请农村村民住房所有权转移登记，受让人不属于房屋所在地农村集体经济组织成员的，除法律、法规另有规定外，房屋登记机构应当不予办理。"2020年《自然资源部对十三届全国人大三次会议第3226号建议的答复》中明确表明："农民的宅基地使用权可以依法由城镇户籍的子女继承并办理不动产登记……农村宅基地不能被单独继承。"

❷ 王崇敏，张丽洋：《我国农村宅基地使用权继承制度的构建》，《河南省政法管理干部学院学报》2011年第5-6期。

以及农民与人民公社制度的关系也是"别无选择"❶。"农民私有住宅和农民集体公有的地基形成了中国特殊的农民住宅制度,其中所涉权利相当复杂,不能以'用益物权'对其简单阐释。"❷ "财产变革通常与身份变革联袂而行,这两者构成了近代变革的主旋律。"❸ 宅基地使用权上附着的身份束缚无法剥离,宅基地使用权的财产属性就没有办法真正实现;以用益物权为基础对其继承适格性的证成始终只能停留在理论正当的阶段;更勿论以其使用主体是"户"还是"个人"来证成其应属于遗产的范围。

因此,宅基地上承载的对农民权益的保障功能,使得宅基地使用权在立法中被规定为一项"受限制"的用益物权贯穿宅基地使用权立法全过程,其并未如集体经营性建设用地使用权一般予以明确其用益物权之收益权能。其中之深意不言而喻。对宅基地使用权的行使及转让在立法中适用准用性条款,却始终在《土地管理法》等相关立法和国家有关规定中无对应的可用条款,这也并非立法之疏漏。在宅基地使用权上讨论能否继承、非农城镇子女能否继承的问题,不应仅仅是物权理论上的证成,还应权衡其自制度设计之初就必然承载的以身份为限定的居住权保障的历史使命。现行立法"两权分离"模式的宅基地使用权显然还不能褪去其对农民居住权保障的历史使命,但继承是物权的要求也是时代发展的必然结果。而宅基地"三权分置"后,宅基地次级使用权的分离,使得宅基地上存在了一个不受身份限制的"完整"意义上的用益物权,该用益物权的行使不受身份和权能的限制,以实现物的财产价值为依归,正好化解了当前宅基地使用权在继承问题理论和实践上的困境。

(二)宅基地次级使用权对"房地一体"原则的适用

现行司法实践和理论中以"房地一体"原则阐释宅基地使用权的可继承性——尤其是非集体经济组织成员的继承权在实践中最为普遍;中央多

---

❶ 许欣欣:《当代中国社会结构变迁与流动》,社会科学文献出版社 2000 年版,第 158 页。

❷ 郑尚元:《宅基地使用权性质及农民居住权利之保障》,《中国法学》2014 年第 2 期。

❸ 郑永流:《当代中国农村法律发展道路探索》,上海社会科学出版社 1991 年版,第 25 页。

个文件❶对此予以认可并援引，地方规范文件❷中也有相关规定。但房地一体原则在宅基地使用权中并不适用。原因在于："房地一体"原则与宅基地使用权保障功能的价值预设不符。现实中宅基地的继承往往是在宅基地上有房屋的情况下发生的。继承人的身份为本集体经济组织成员、非本集体经济组织成员的农户、非农城镇户籍人员。如果继承人为本集体经济组织成员且之前未获分配宅基地或已分配宅基地面积不足，按照"房地一体"原则获得宅基地使用权没有异议。但如果继承人为本集体经济组织成员但已有宅基地，或继承人为非本集体经济组织成员和非农城镇户籍人员，那么其对宅基地的使用显然背离了宅基地保障农户居住利益的制度初衷。而且我国《城市房地产管理法》和《民法典》将"房地一体"原则的适用对象限定为"国有建设用地使用权"。我国《城市房地产管理法》中该原则适用于"转让、抵押"，我国《民法典》中适用于"转让、互换、出资、赠与"。这种列举且无兜底性规定的方式排除了继承对该原则的适用，且无法从解释论的角度得出可以适用的依据。

"两权分离"模式下，宅基地使用权的身份性和保障性是现行立法排除宅基地"继承"对"房地一体"原则的适用的法理基础。而"三权分置"下宅基地次级使用权的立法确认就直接避免了这一适用冲突的发生。宅基地上的住房和具有完整"用益物权"的宅基地次级使用权可以按照"房随地走"（"地随房走"）的客观现实在立法中确认"房地一体"的继承规则。

因此可以说，宅基地"三权分置"下宅基地次级使用权从立法上将其从身份限制中剥离出来成为独立的用益物权化解了当前"两权分离"模式下宅基地继承问题的困境，为未来立法中连接继承制度和宅基地制度之间搭建了桥梁。

---

❶ 2018 年《中共中央、国务院关于实施乡村振兴战略的意见》《国务院关于农村土地征收、集体经营性建设用地入市、宅基地制度改革试点情况的总结报告》，2019 年《农业农村部关于积极稳妥开展农村闲置宅基地和闲置住宅盘活利用工作的通知》，2020 自然资源部《对十三届全国人大三次会议第 3226 号建议的答复》。

❷ 如 2016 年《河南省国土资源厅、河南省委农办、河南省财政厅等关于河南省农村宅基地使用权确权登记发证的指导意见》，2018 年《海南省土地权属确定与争议处理条例》，2020 年《武汉市人民政府关于宅基地和集体建设用地及地上房屋确权登记发证有关问题的意见》等。

二、宅基地上权利的继承范围

民事法律关系主要是人身关系和财产关系，《民法典》将公民在民事领域的权益分为人身权利、财产权利和其他合法权益。人身权利又分为人格权和身份权；财产权利包括所有权、用益物权等。"保护公民合法财产的继承权"是继承制度一以贯之的基本原则。我国的继承法对遗产范围的正面规定为"自然人死亡时遗留的个人合法财产"。可见，现代继承法调整的是对财产权利的继承。人身权利不属于法律继承的范畴。

宅基地所有权是物权，属于财产权利，这毋庸置疑。但是自 1962 年后宅基地农民集体所有被《宪法》和相关立法确认并延续，"公有制排除任何人对宅基地的私人所有，作为集体成员的个人只能作为集体的一员享有该权利"❶。因此宅基地集体所有权不可能成为宅基地上继承的范围。

宅基地使用权主体是农户，其上附着身份的内容。然而身份继承存在于中国古代法的宗祧继承，适用于贵族爵位等的继承；这在现代法治文明中缺乏生存的土壤。所以首先，作为集体经济组织成员的身份是不可能实现继承的。其次，我们再来看宅基地使用权的继承问题。宅基地使用权有主体上的身份限制，这就意味着如果不具有本集体经济组织成员的身份，就直接阻碍继承宅基地使用权的发生。而如果继承人是本集体经济组织的成员，那么其本身就享有宅基地使用权；从公平价值的角度出发，作为保障性功能的权利不能再基于继承使得一个集体经济组织成员享有两个或者两个以上的宅基地使用权。再次，《土地管理法》第 62 条第 5 款规定："农村村民出卖、出租、赠与住宅后，再申请宅基地的，不予批准。"从中可以看出，宅基地使用权是一次性权利。作为本集体经济组织成员的被继承人，其通过继受或申请获得宅基地使用权后该权利即丧失，也就不具有继承的可能性。由上可知，从继承法的角度而言，宅基地使用权事实上是

---

❶ 张力，王年：《"三权分置"路径下农村宅基地资格权的制度表达》，《农业经济问题》2019 年第 4 期。

属于我国《民法典》第 1122 条规定的"根据性质不得继承的遗产"的范围。基于上述几个方面的原因,宅基地使用权不能成为宅基地上继承的范围。

次级宅基地使用权是用益物权,属于民法保护的财产权利的内容。被继承人死亡前通过申请实现宅基地使用权进而获得次级宅基地使用权,那么不管宅基地上是否建有房屋,该权利都属于被继承人合法财产的内容。被继承人死亡,次级宅基地使用权依然存在且属于被继承人的合法财产。因此,次级宅基地使用权属于遗产的范围,可以继承。

对于宅基地上房屋的继承则无须赘述。不管是集体经济组织成员经申请还是通过继受获得宅基地使用权并在宅基地上建造房屋,乃至于非本集体经济组织成员因宅基地次级使用权而建造的房屋,都属于公民的合法财产的范畴。依《民法典》关于继承的规则,被继承人死亡时,该房屋属于遗留的个人合法财产,可以被继承。

由此可见,宅基地上的继承范围包括了宅基地上的房屋以及宅基地次级使用权。宅基地上房屋和宅基地次级使用权可以被继承,这一方面契合了我国现行立法的规定,另一方面解决了宅基地继承中"房地一体"的物理结构与房权地权分离导致的冲突。因为继承人身份存在多元化的可能,继承发生后存在以下三种情况:一是继承人为本集体经济组织成员且未分配宅基地,或已经分配的宅基地面积不足额的,经审查符合条件可以通过继承获得宅基地使用权;二是继承人为本集体经济组织成员且已经获批足额宅基地的,不得再次获得宅基地使用权,只能继承宅基地次级使用权;三是继承人为非本集体经济组织成员的以及城镇户籍人员的,只能继承宅基地次级使用权。

三、宅基地权利的继承程序

因继承引发的"一户多宅"问题在实务中进行有效监管是非常困难的,这一方面有损于公平原则,另一方面也不符合宅基地的保障功能预设。"在申请审批环节,规制一户申请宅基地的数量则简便易行。"❶ 自 "两权分离"模式开始,我国宅基地的使用就确立了申请、审批的制度。 在"三权分置"模式下,宅基地使用权的获得依然应遵循适格主体申请、 有权机关审批的步骤。具体到继承中,继承人即使是基于继承获得宅基地 使用权,也应经过审批,审查其资格,从而保证宅基地使用权人的主体适 格和宅基地使用权保障功能的落实。

根据物权公示原则,不动产物权的设立、变更等应依照法律规定登 记。我国《民法典》第 209 条规定了不动产物权登记生效原则以及例外。 而该法对宅基地使用制度的登记规定即属于例外,目前只规定了已经登记 的应当及时办理变更或注销登记的内容。这一方面基于我国农村的实际情 况,同时也不乏有宅基地制度尚不完善的无奈。"三权分置"的权利结构 既照顾了农村宅基地的保障功能,又激发了其财产属性。宅基地制度的发 展已趋于成熟,而且财产属性激发后的交易更加频繁;从保护权利人利益 的角度出发,登记生效亦应成为立法必须强调的内容。据此,基于继承而 产生的房屋所有权人和次级宅基地使用权人的变更,应依法登记才能发生 法律效力。

需要注意的是,在目前阶段,我国农村社会保障体系尚不完善,宅基 地仍然承担着重要的农民居住利益保障作用。"两权分离"模式下形成的 宅基地使用权无偿、无期限是基于其生存保障的功能,而基于继承获得宅 基地次级使用权显然已经超出了保障的范畴。因此,宅基地使用权无偿和 无期限的福利性特征仍应贯彻。但是,宅基地次级使用权的设置是财产利 益的体现,应为有偿并附期限的。

新中国成立以来,宅基地使用始终是农村土地制度改革中一个非常棘 手的问题。在城市化水平不断攀升的背景下,城镇户籍子女继承宅基地的 现象将更为普遍。宅基地有限流转的开放和"三块地"协调改革的推进, 必然推动部分不再承担保障作用的宅基地转化为其他类型的集体建设用

---

❶ 吴昭军:《宅基地使用权继承的理论障碍——以重释"一户一宅"为切入点》,《农业经 济问题》2021 年第 5 期。

地。宅基地上继承问题必然沿着宅基地制度整体改革的路径在立法中逐渐完备。在当前宅基地制度的发展趋势和民法框架内，适格的本集体经济组织成员通过继承法律关系优先获得宅基地使用权仍可保证宅基地生存保障功能的落实；● 其他继承人通过继承关系继承房屋所有权及次级宅基地使用权，可以选择有偿定期使用；也可以选择有偿将房屋转让给适格本集体经济组织成员或有偿退出宅基地使用权将宅基地退回集体经济组织。

制度设计的优劣，不在于是否满足了个别主体权益的最大化；恰如宅基地制度的几十年发展历程，伴随着时代发展的需求和制度发展的路径，逐渐探寻出兼顾保障功能与财产利益的新出路。宅基地上继承制度的发展亦是如此。

第四节　"三权分置"下宅基地退出的法律路径

宅基地"三权分置"改革是我国顺应社会发展趋势、在保证农民户有所居的情况下探索宅基地财产性功能的举措。宅基地退出既是城市化发展的产物，也是放活宅基地使用的路径之一。"三权分置"后，宅基地上的权利束分为所有权、使用权和次级使用权。所有权归属于集体，本集体经济组织基于成员的身份而享有其上的共同权利内容，退出集体经济组织即退出宅基地所有权；这不是本书讨论的内容所在。"三权分置"主要是盘活宅基地使用权和宅基地次级使用权。宅基地退出亦是从宅基地使用权和宅基地次级使用权的角度出发的制度探索。

一、宅基地退出的权利内容

宅基地的退出行为会产生宅基地使用权或宅基地次级使用权绝对消灭

● 刘红梅，段季伟，王克强：《经济发达地区农村宅基地使用权继承研究》，《中国土地科学》2014 年第 2 期。

或相对消灭的法律后果。❶ 从退出权利的内容角度划分，包括退出宅基地使用权、退出宅基地次级使用权和一并退出宅基地使用权和宅基地资格权。

（一）退出宅基地使用权

宅基地使用权是农户的身份性权利，其只能是本集体经济组织且以"户"为单位的主体的退出。因为宅基地使用权的退出直接导致农户丧失宅基地所能提供的保障功能，因此一般而言，宅基地使用权主体不会只退出宅基地使用权。不过只退出宅基地使用权并不影响宅基地次级使用权。因此，单一地退出宅基地使用权主要是基于两方面的原因。

其一，尚未取得次级宅基地使用权的农户。"三权分置"下宅基地次级使用权可以通过申请和继受取得。实践中很多地方已经停止了宅基地的审批，即使享有宅基地使用权但是也没有办法通过申请方式获得次级宅基地使用权。❷ 那么，基于宅基地而享有的保障功能便难以实现。通过有偿退出的方式可以获得一定的补偿金，从而实现其权利。继受取得亦是同样的道理，除却继承外，继受取得次级宅基地使用权一般是要支付对价的。有偿退出宅基地使用权的补偿金可以成为宅基地次级使用权的对价。这其实是农户宅基地使用权保障功能的另一种实现形式。

其二，未足额取得宅基地使用权的农户。根据现行立法，各地根据实际情况施行"一户一宅、面积法定"的原则。一般情况下已经取得了部分宅基地使用权但尚未足额，只能通过继承或者流转形式补足差额，如果不存在上述可能性的话，有偿退出其未取得的那部分宅基地的使用权不失为一个理性经纪人的选择。❸ 但是需要注意的是，退出宅基地使用权是农户在宅基地使用权中身份性的绝对性消灭，是其基于身份而由农村集体经济

---

❶ 余永和：《农村宅基地退出试点改革：模式、困境与对策》，《求实》2019年第4期。

❷ 杨慧琳，袁凯华，陈银蓉：《农户分化、代际差异对宅基地退出意愿的影响——基于宅基地价值认知的中介效应分析》，《资源科学》2020年第9期。

❸ 欧阳安蛟，蔡锋铭，陈立定：《农村宅基地退出机制建立探讨》，《中国土地科学》2009年第10期。

组织提供居住保障的可能性和正当性的绝对消失。因此，农村集体经济组织一定要尽到审慎的提醒和告知义务，并提供规范性合同和采用公示、登记的方式对权利的变动予以明确。

（二）退出宅基地次级使用权

按照"三权分置"的立法构想，宅基地次级使用权的主体是多元的。然基于现行法律的规定，当前合法享有宅基地次级使用权的主体依然是农户，此处讨论退出宅基地次级使用权也是针对农户的退出。非本集体经济组织成员对宅基地次级使用权的问题，在上述流转中进行探讨。只退出宅基地次级使用权而保留宅基地使用权意味着农户身份性权利的保留，只是丧失财产性权利或者换一种方式实现其财产性权利。这种退出包括以下四种情况。

其一，农户退出现有宅基地次级使用权，在本集体内获得新的宅基地次级使用权。新的宅基地次级使用权可以通过申请或继受的方式获取。如果新的宅基地次级使用权的获得是无偿的，则应采取无偿退出；如果新宅基地次级使用权的获得是有偿的，则应根据实际情况确定有偿退出的补偿。❶

其二，农户退出的是现有超过法定面积的宅基地次级使用权。超出法定面积的使用本身是违背现行立法的，而且与公平价值及宅基地的居住保障功能不符。这种情况下对宅基地次级使用权的退出应是无偿的，补偿应限于地上附着物的价值。

其三，农户接受集体经济组织替代性居住保障而退出宅基地次级使用权。这种情形往往是集体经济组织对本集体宅基地集约利用或异地搬迁的结果。该种宅基地次级使用权的退出有利于农村土地的优化配置、改善农户居住条件和提高农村公共服务供给效率等，是农村土地制度改革的必然趋势。这种模式对农户产生的影响是多方面的，对国家和社会公共利益的实现也具

---

❶ 胡银根，杨春梅，董文静：《基于感知价值理论的农户宅基地有偿退出决策行为研究——以安徽省金寨县典型试点区为例》，《资源科学》2020 年第 4 期。

有正向引导价值。其有偿退出应考虑多方面的因素来确定补偿标准。

其四，进城农户退出现有次级宅基地使用权。进城农户并不必然获得城市住房保障，宅基地使用权依然是其重要的居住保障，更是其抵御进城风险的重要屏障。❶ 中央一再强调禁止强制农民进城落户，更不能以"退出三权"作为进城落户的条件。但是如果农户进城后已经纳入城市住房保障体系，那么其再继续享受农村宅基地的居住保障功能则不具正当性。对此情形应予以区分：如果农户进城后尚未纳入城市住房保障体系，有偿退出其宅基地次级使用权；如果已经纳入城市住房保障体系，则应将宅基地使用权一并有偿退出。在此种宅基地次级使用权的退出中，其实是对农户宅基地次级使用权的暂时性保留，因此仅针对退出的宅基地次级使用权做出补偿。

（三）退出宅基地使用权和宅基地次级使用权

宅基地使用权和宅基地次级使用权是宅基地上运转的两项重要权利，也是宅基地保障权能和财产性功能得以实现的重要依托。农户可以根据实际情况同时退出宅基地使用权和宅基地次级使用权。农户同时退出这两项宅基地权能给集体经济组织，该宗宅基地上的所有权能均集中于农民集体。集体经济组织可以依法按照宅基地使用规划对该宗宅基地上的权利进行重新配置甚至改变土地用途。不过，这两项权利的同时退出意味着农户对宅基地上权能尤其是保障性权能的丧失，这大大增加了农户丧失居住保障的风险。因此，在农户同时退出宅基地使用权和宅基地次级使用权时应注意以下两点。

其一，集体经济组织对农户同时退出宅基地使用权和宅基地次级使用权法律后果的告知义务。集体经济组织应承担向农户解释同时退出宅基地使用权和宅基地次级使用权的法律效果及风险，避免农户因退出补偿而在对制度不甚了解的情况下盲目退出。❷ 实践中很多宅基地权利尤其是宅基

---

❶ 张怡然，邱道持，李艳：《农民工进城落户与宅基地退出影响因素分析——基于重庆市开县 357 份农民工的调查问卷》，《中国软科学》2011 年第 2 期。

❷ 张文斌，王若讷，王一健，等：《乡村振兴背景下农村闲置宅基地退出意愿及障碍因素分析——基于农户宅基地价值观视角》，《干旱区资源与环境》2022 年第 12 期。

地使用权的登记主体多为老年人,他们对制度理解不足,完全可能在有偿退出的短期利益面前迷失而作出错误选择。集体经济组织应保证农户退出过程的知情权,保证其退出的选择是在完全理解制度旨意后的理性判断。

其二,设置农户宅基地使用权重获制度。农户宅基地使用权重获制度是指同时退出宅基地使用权和宅基地次级使用权的农户,在法定的时间内依法重新申请获得宅基地使用权的制度。江西、山东等地其实已有类似制度或实践。具体而言,宅基地使用权的重获应具备如下条件:一是宅基地使用权重获制度的对象是绝对丧失宅基地上用益物权的本集体经济组织成员。二是重新申请获得宅基地使用权的农户须是没有被纳入城市居民保障体系或没有其他居住保障的集体经济组织成员。三是农户申请重新获得宅基地使用权的期限距离退出宅基地使用权和宅基地次级使用权的时间不得低于 5 年且不得超过 20 年。四是农户重新申请获得宅基地使用权应退回其退出宅基地使用权时所获得的补偿和利息。

从上述分类中可以看出,退出不同内容的宅基地权利会导致不同法律后果的产生。农户对宅基地上权利的退出是对其处分权的行使。但是不同类型宅基地退出的受让方都为集体经济组织是一致的。集体经济组织在受让农户退出宅基地用益物权后可根据农户退出的不同权利内容给予补偿或提供其他形式的居住保障,这是宅基地保障性功能的必然要求。而宅基地用益物权的退出也是集约、节约利用土地资源的途径之一,政府及集体经济组织应积极探索多种替代性居住保障模式从而优化资源配置,❶ 为宅基地的有序退出提供制度支持。

二、宅基地退出的主导机制

宅基地的退出从形式上分为法定退出和自愿退出。两种退出的缘由不同,推动主体亦是不同。探讨宅基地退出的主导主体,有利于在不同退出

---

❶ 张勇超:《内部需求、外部因素对农户宅基地退出的影响研究——基于马斯洛需求理论视角的审视》,《中国农业资源与区划》2023 年第 3 期。

形式中根据实际情况保护农民的合法权益。

(一) 法定退出下的政府和集体主导

法定退出是指宅基地的使用因符合法定的条件而被依法征收或被集体经济组织收回。宅基地法定退出显然不是基于用益物权主体的意思自治，因此这种退出方式不可能由当事人主导，只能由政府主导。但法定退出中亦应保障当事人的知情权及其他合法权益。宅基地法定退出依法应包括国家征收和集体经济组织收回两种情形。

其一，国家征收产生的宅基地法定退出。我国《宪法》规定，"城市的土地属于国家所有。农村和城市郊区的土地，除由法律规定属于国家所有的以外，属于集体所有"；"任何组织或者个人不得侵占、买卖或者以其他形式非法转让土地"；……国家为了公共利益的需要，可以依照法律规定对土地实行征收或者征用并给予补偿"。我国《土地管理法》《土地管理法实施条例》以及《民法典》的相关条款也对土地征收作出了可操作性的规定。这些立法共同构建了我国土地征收制度。随着城市化的推进和城乡要素的流动，虽然征收已经不再是满足城市化发展用地需求的主要方式，但是基于公共利益的需要，仍存在征收集体宅基地尤其是城市郊区集体宅基地的情况。在宅基地通过征收的法定退出模式中，政府处于主导地位。首先，根据我国现行立法的规定，征收只能是基于公共利益的需要，至于何为公共利益则需要国家通过立法的形式予以明确。比如日本就在其《土地征用法》中详细列举了符合公共利益的具体条件，我国台湾地区的立法中也有类似规定。其次，我国现行立法详细规定了征收集体土地的具体程序：确定建设目标、提出用地申请、拟定报批方案、公告和登记、补偿。整体而言，征收体现出报批的高位性和用途管制等内容。而且宅基地的征收必须按照法定的程序进行。这些都对主管政府部门提出了严格的要求和标准。

其二，集体经济组织收回造成的宅基地法定退出。集体经济组织基于一定的原因可以将其所有的土地收回。我国现行的《土地管理法》对集体所有土地收回的情形作出了规定。❶ 其第一款为"乡（镇）村公共设施和公益事业建设，需要使用土地的"，如果不改变土地的所有权性质，那么就不属于征收的范畴。第二款"不按照批准的用途使用土地的"以及第三款"因撤销、迁移等原因而停止使用土地的"，只是概括性地列举了集体经济组织可以收回土地的情形。但是宅基地的使用权存在许多更为复杂的情形，显然这几个条款是没有办法涵盖宅基地法定收回的具体情形的。本书作者认为，根据实践情况，在未来宅基地立法中集体经济组织法定收回宅基地的情形可包括：（一）已有宅基地但又通过其他形式继受取得了新的宅基地导致宅基地面积超过法定面积标准，且不自愿退出的；（二）转让宅基地使用权后又申请获得宅基地使用权的；（三）申请宅基地后闲置和宅基地上房屋倒塌不予修建满 2 年的；（四）违法改变宅基地用途的；（五）农户去世后无人继承宅基地使用权的。对于（一）的情形，因为宅基地本身具有福利性、无偿性和保障性特点，超过法定面积的宅基地使用违背了公平原则并与宅基地的保障功能相背离；农户通过继受的方式拥有两块以上的宅基地超过法定面积且不自愿退出的，可由集体经济组织依法收回，以保障其他成员的社会保障权的实现。对于（二）的情形，农户将已经获得的宅基地使用权转让给其他主体后再次申请获得宅基地使用权的，其事实上享有了两个宅基地使用权。这与立法规定的"一户一宅"原则相悖且违背公平，集体经济组织有权收回其再次申请获得的宅基地使用权。对于（三）的情形，宅基地资源本就属于稀缺资源，农户申请宅基地后闲置或者是宅基地上房屋倒塌不予修缮表明农户对该宅基地所提供的居住保障并非迫切，"宅基地对当事人的社会保障作用并不存在，没有必要

---

❶《土地管理法》第六十六条：

有下列情形之一的，农村集体经济组织报经原批准用地的人民政府批准，可以收回土地使用权：

（一）为乡（镇）村公共设施和公益事业建设，需要使用土地的；

（二）不按照批准的用途使用土地的；

（三）因撤销、迁移等原因而停止使用土地的。

依照前款第（一）项规定收回农民集体所有的土地的，对土地使用权人应当给予适当补偿。

收回集体经营性建设用地使用权，依照双方签订的书面合同办理，法律、行政法规另有规定的除外。

保留该宅基地,因而由集体收回"❶。而 2 年的时间限制与我国《土地管理法》❷ 和《确定土地所有权和使用权的若干规定》❸ 的现行规定相一致,保持了法律体系的内部统一。对于(四)的情形,宅基地目前依然承担着社会保障的功能,虽然"三权分置"放活宅基地上的财产性权利,但是改变用途依然应经过法定的审批程序,这也是我国《土地管理法》中土地用途管制的基本要求。对于(五)的情形,当农户去世后,宅基地上的房屋和宅基地次级使用权可以继承,但是宅基地使用权因具有身份属性不得继承。农户作为一个整体,如果该宗宅基地上的农户所包含的成员全部去世,则其宅基地使用权由集体收回。这并不影响宅基地上房屋和宅基地次级使用权的继承。

法定退出是基于法律的原因并非农户自愿,因此,宅基地的法定退出必然是由征收和收回主体主导。在宅基地通过征收的法定退出中,由政府主导;在宅基地通过收回的法定退出中,由集体经济组织主导。但是需要注意的是,农村宅基地属于集体所有,单向的由集体所有向国家所有的征收转移模式直接关涉本集体经济组织成员的切身利益,农民的知情权和参与权亦是必不可少的。征收前应通过公告和组织听证会等形式保证农民的知情和参与,听取宅基地所有权人和用益物权人的意见;征收过程中要科学地制定补偿标准和安置方式;征收完成后要对补偿安置以及宅基地的使用情况进行必要监督。宅基地收回中,集体经济组织亦应尽到告知义务,保障农户的知情权。

---

❶ 瞿理铜,朱道林:《基于功能变迁视角的宅基地管理制度研究》,《国家行政学院学报》2015 年第 5 期。

❷ 《土地管理法》第三十八条:禁止任何单位和个人闲置、荒芜耕地。已经办理审批手续的非农业建设占用耕地,一年内不用而又可以耕种并收获的,应当由原耕种该幅耕地的集体或者个人恢复耕种,也可以由用地单位组织耕种;一年以上未动工建设的,应当按照省、自治区、直辖市的规定缴纳闲置费;连续二年未使用的,经原批准机关批准,由县级以上人民政府无偿收回用地单位的土地使用权;该幅土地原为农民集体所有的,应当交由原农村集体经济组织恢复耕种。

❸ 《确定土地所有权和使用权的若干规定》第五十二条:空闲或房屋坍塌、拆除两年以上未恢复使用的宅基地,不确定土地使用权。已经确定使用权的,由集体报经县级人民政府批准,注销其土地登记,土地由集体收回。

（二）自愿退出下的农民主导

宅基地自愿退出是指农户根据自己的实际情况，将宅基地上的权利（包括宅基地使用权、宅基地次级使用权）主动退回集体经济组织并获得补偿。中央政策文件中一再强调不得强迫农民上楼，不得以退出宅基地为进城落户的条件。宅基地制度是我国土地制度中农民居住保障的特色内容，是我国国情背景下对农民权益的保护。宅基地所有权属于集体经济组织，现行立法对宅基地的使用依然限定在本集体经济组织成员范围。宅基地的社会保障功能依然没有褪去。宅基地自愿退出才是现阶段农村宅基地退出制度中的重要内容。正如马克思所言："历史活动是群众的事业，随着历史活动的深入，必将是群众队伍的扩大。"❶农民本身才应是农村宅基地制度改革的主导者。如果农民在宅基地退出中只能是一个旁观者，那么宅基地退出制度在本质上就是一场自娱自乐的游戏。中央第18个"一号文件"特别强调，要"把坚持农民主体地位、增进农民福祉作为农村一切工作的出发点和落脚点……"因此，只有调动农民的积极性和保障农民的自主性才能使宅基地退出制度真正取得实效。

在不是基于公共利益的需要以及不符合上述集体经济组织收回的法定条件下，宅基地使用权、宅基地次级使用权的退出应是农民自觉自愿的选择。既然是农民自主选择的退出，则退出的过程理应由农民来主导。从上述农村宅基地"三权分置"改革的实践分析中也可以看出，农民在宅基地制度改革实践中的主体地位受行政权的干预较多，以租代征、决定补偿定价等现象普遍存在。而且农民事实上依然是社会的弱势群体，其在制度性资源的获取方面明显较弱。具体到宅基地退出制度中，农民获取信息的能力较差、沟通协商以及议价能力弱，权利救济能力也普遍不足。"法律作为社会关系的调整器，必须担起保障人权、维护弱势群体权利的使命。"❷宅基地是农民人权之社会保障权的重要依托，在宅基地退出过程中，农

---

❶ 马克思，恩格斯：《马克思恩格斯全集》（第2卷），人民出版社1957年版，第104页。
❷ 李林：《法治社会与弱势群体的人权保障》，《前线》2001年第5期。

民权利的维护是弱势群体利益保护的要求所在。未来立法在宅基地退出制度的设计中应注重对农民在宅基地自愿退出中主导地位的保障。

农民在宅基地自愿退出中，主导地位的实现一方面不能受行政权的过分干预，另一方面又离不开政府的监管和协调。明确行政权的定位和职能，避免行政权对农户在宅基地自愿退出中的过分干预。我国著名经济学家漆多俊指出："政府调节首先需要全体民众（通过宪法）授权，并需要制定相关法律对其调节予以规制，明确规定国家调节的范围、事项、方式和程序，并明确其中各有关主体的法律责任。"❶ 因此，政府应该在一定范围控权，给予市场和市场主体以自主性。在宅基地自愿退出中，应确保政府对农民主体地位的尊重；政府的作用在于引导而非干预，政府的职能在于服务而不是包办，政府的行为在于放活而不是放任。不过，美国发展经济学家 W. 阿瑟·刘易斯曾有一句名言："政府的失败既可能是由于它们做得太少，也可能是由于它们做得太多。"❷ 基于农民的弱势性和宅基地改革事关农村社会发展稳定以及城乡融合发展的大局，政府的监督和协调作用不可缺失。

农民在宅基地自愿退出中主导地位的实现还须提升农民自身的素养和能力，靠内生力量保证其主体地位的落实。这就需要普遍开展农村、农民继续教育，从而强化农民对法律、政策的熟悉度，增强农民与受让主体沟通协商的能力，这样才能保证农民在自愿退出过程中的自主决策权的实现。

此外，对于农民自愿退出宅基地的，基层政府或集体经济组织应提供规范化的合同或协议，并对合同（协议）的内容及法律效果进行详细解释，以确保农民在宅基地退出过程中获取信息的充分性，以及对农民权利的规范化保障，更是为农民权利救济奠定基础。

三、宅基地退出的补偿机制

宅基地退出中最为关键的环节是补偿，补偿是宅基地用益物权基本属

---

❶ 漆多俊：《时代潮流与模块互动——国家调节说对经济法理论问题的破译》，《经济法论丛》（第 13 卷），中国方正出版社 2007 年版，第 56 页。

❷ ［美］W. 阿瑟·刘易斯：《经济增长理论》，上海三联书店 1990 年版，第 476 页。

性的体现，更是农户退出宅基地的重要前提。构建有效的宅基地退出补偿机制是鼓励和刺激农民退出宅基地的有效措施，也是实现宅基地有效利用的重要手段。

（一）明确宅基地退出补偿主体

根据上文关于宅基地退出权利内容和退出主导机制的分析可知，宅基地自愿退出和集体经济组织收回的宅基地法定退出的受让主体均为集体经济组织，因此，补偿主体理应是集体经济组织。而在基于征收的法定退出中，可参照现行立法关于土地征收补偿的办法。

《土地管理法》第四十八条对征收补偿的内容作出概括性规定。● 参照《土地管理法》的规定，对基于征收而法定退出宅基地的补偿应以保障原农户居住水平不降低、长远生计有保障为基本原则。在此原则下，补偿内容应包括宅基地补偿费、安置补助费、宅基地上住房以及农户社会保障费等相关费用。补偿标准为改善原有居住条件和形成持续性社会保障。该补偿应由国家财政支付。

在集体经济组织收回导致宅基地退出的情形中，"（一）已有宅基地但又通过其他形式继受取得了新的宅基地导致宅基地面积超过法定面积标准，且不自愿退出的"，集体经济组织仅对收回部分给予补偿；"（二）转

● 《土地管理法》第四十八条：

征收土地应当给予公平、合理的补偿，保障被征地农民原有生活水平不降低、长远生计有保障。

征收土地应当依法及时足额支付土地补偿费、安置补助费以及农村村民住宅、其他地上附着物和青苗等的补偿费用，并安排被征地农民的社会保障费用。

征收农用地的土地补偿费、安置补助费标准由省、自治区、直辖市通过制定公布区片综合地价确定。制定区片综合地价应当综合考虑土地原用途、土地资源条件、土地产值、土地区位、土地供求关系、人口以及经济社会发展水平等因素，并至少每三年调整或者重新公布一次。

征收农用地以外的其他土地、地上附着物和青苗等的补偿标准，由省、自治区、直辖市制定。对其中的农村村民住宅，应当按照先补偿后搬迁、居住条件有改善的原则，尊重农村村民意愿，采取重新安排宅基地建房、提供安置房或者货币补偿等方式给予公平、合理的补偿，并对因征收造成的搬迁、临时安置等费用予以补偿，保障农村村民居住的权利和合法的住房财产权益。

县级以上地方人民政府应当将被征地农民纳入相应的养老等社会保障体系。被征地农民的社会保障费用主要用于符合条件的被征地农民的养老保险等社会保险缴费补贴。被征地农民社会保障费用的筹集、管理和使用办法，由省、自治区、直辖市制定。

让宅基地使用权后又申请获得宅基地使用权的",本身违背了"一户一宅"的立法精神且其转让原有宅基地使用权已经获得了经济补偿;"(三)申请宅基地后闲置和宅基地上房屋倒塌不予修建满 2 年的"不予补偿,因为其造成了宅基地资源的浪费,收回属于惩罚性方式;"(四)违法改变宅基地用途的"违背了宅基地保障功能,不予补偿;"(五)农户去世后无人继承宅基地使用权的",没有受偿对象亦不予补偿。

农民自愿退出宅基地的情形中,农户的补偿由集体经济组织负责。宅基地的退出与补偿是相对应的。集体经济组织是宅基地所有权人,农民自愿退出的宅基地用益物权的受让主体为集体经济组织,但是集体经济组织可能存在补偿能力不足的情况。《国土资源部关于促进农业稳定发展农民持续增收推动城乡统筹发展的若干意见》中提出:"各地要积极探索在集体经济组织内建立宅基地有偿使用制度。"这为集体经济组织筹措宅基地退出补偿金提供了指引。集体经济组织可根据退出宅基地的利用情况在一定程度上转移补偿责任。如退出宅基地用于经营活动的,由经营者提供补偿;退出宅基地用于复垦或城乡建设用地增减挂钩的,可以申请政府的政策补贴等。

(二) 拓展多元补偿资金渠道

宅基地退出补偿金的来源是实践中最大的问题。尤其是地处偏远的宅基地,在城市化发展尚未辐射且集体经济组织创收无门的情况下,集体经济组织通常是没有宅基地退出补偿能力的。而事实上,这类地区的宅基地退出却又更为频繁且必要。如果没有资金的支持,宅基地退出就无法顺利开展,那么集体经济组织通过再次优化配置资源获得收益的可能性就会降低,从而形成一个恶性闭环。这不管是从农户利益、集体利益乃至于国家利益和社会利益而言,都是不利的。如此可以说,"补偿是宅基地退出中的核心要素,稳定的补偿资金渠道也是保障宅基地退出顺利开展的基础"❶。解决宅基地退出的关键问题就是要解决好补偿资金的问题。

---

❶ 肖顺武,董鹏斌:《中国式现代化视阈下宅基地退出中农民权益保障的制度回应》,《西安财经大学学报》2023 年第 3 期。

拓宽资金来源要从多元主体入手。笔者认为,集体经济组织对宅基地退出补偿金可从两个方面筹措:第一,财政投入。宅基地退出不仅是农村土地制度改革的结果,更是城市化发展和城乡要素流动的必然要求。农民作为整个国家和社会的组成自然应共享国家和社会发展的成果,而不应被土地社保所束缚。城市化发展创造的经济价值有农民的功劳在其中,集体土地流转的税收,以及城乡建设用地增减挂钩指标收入等都与农村土地和农民利益息息相关。财政在加大城市化建设投入的过程中亦应考虑农村发展的资金需求。政府可以设立宅基地退出转向补偿基金来填补集体经济组织补偿不足或补偿不能的资金缺口,有效保证农村宅基地的有序退出,为集约利用农村土地资源提供资金支持。第二,集体经济组织自筹。随着农地"三权分置"的立法确认、集体经营性建设用地入市和宅基地"三权分置"试点以及未来的运行,农村土地的财产属性被激发。集体经济组织从农地规模经营、集体经营性建设用地中的收益,以及宅基地"三权分置"后宅基地次级使用权产生的收益(探索宅基地次级使用权和农民住房抵押、担保等)可以为宅基地有偿退出筹措资金。

不管是财政投入还是集体经济组织自筹,其实质都在于引导社会资本进入农村。2020年,农业农村部办公厅在《关于印发社会资本投资农业农村指引的通知》中指出:"激发社会资本的动力和活力,引导社会资本有序投入农业农村,健全多元投入保障机制、加快形成乡村振兴多元投入格局……"农地和宅基地"三权分置"以及集体经营性建设用地入市打破了资本下乡的藩篱,让企业和农民之间基于土地资源的利用形成了共同的利益连接,共享发展的成果就具有了现实可能性。

第五章 宅基地"三权分置"落实的法治保障

　　"三权分置"是对传统农村宅基地制度的继承和发展，其价值在于实现公平与效率之间的价值平衡。宅基地"三权分置"不是单纯土地制度的变革，而是牵一发而动全身的一系列制度紧随其后的完善，并确保宅基地制度改革的有效落地。"保障机制是政府从农村集体经济外部，为其发展提供良好外部环境的一系列政策法规的制度总和。作为国家对话农民的中间桥梁，农村集体经济向上承担着国家对农村发展的诸多责任，向下肩负着带领农民实现安居乐业的重担，其地位和作用的特殊性及所面临的现状，决定其发展不可能也不应该脱离政府的外在扶持和保障。"❶ 立法对宅基地"三权分置"的确认还需要政府提供相应的保障制度。就目前而言，放活宅基地的使用至少应得到如下方面的法治保障。

第一节　构建农村土地产权交易与收益分配制度

　　"从法律角度看来，财产是一束权利。这些权利描述一个人对其所有的资源可以做什么、不可以做什么的规定：在多大程度上他可以占有、使用、开发、改善、消费、消耗、摧毁、出售、馈赠、转让、抵押、贷款或

---

　　❶ 邵彦敏，冯蕾：《中国农村集体经营方式创新与机制构建》，《经济纵横》，2014 年第 4 期。

者阻止他人侵犯其财产。这些权利并不是永远不变的,比如一代人到另一代人,它们也许会发生变化。"❶ 财产的意义就在于占有和使用。"三权分置"下农村宅基地财产属性的激发要通过构建有效的土地产权交易市场来实现,这一方面要求健全土地交易平台,另一方面要完善土地增值收益分配机制。

一、健全农村土地产权交易市场

随着城镇化发展和农村土地制度改革的推进,尤其是伴随着农地"三权分置"入法和宅基地"三权分置"的政策构想,农村土地产权的流转越发频繁。党的十八届三中全会召开后,市场经济由原来的"主导"作用转变为"决定性作用"。市场在资源配置中的决定性作用优势愈发突出。宅基地"三权分置"放活宅基地次级使用权后,健全农村土地产权交易市场的要求更加迫切。

(一)加快确权颁证,稳定宅基地使用秩序

"纵观古今历史,历朝历代掌权者都将地籍管理作为治国之要务,尽管在不同历史时期土地确权登记工作的功能作用与目标有所差异,但无不体现着统治阶级的意志。"❷ 中国共产党执政以来不断改进土地登记工作,新中国成立以后就先后于 1950 年前后、20 世纪 80 年代中期以及 20 世纪 90 年代初期进行过农村土地确权工作。20 世纪 50 年代初期,土地是农民私有时期,与今天的制度已然不大相同;20 世纪 80 年代,主要对宅基地确权,但由于政策不清晰,也并未完成;20 世纪 90 年代,也因土地权能的不完整而使得确权工作受限。但是,产权的交易离不开稳定而明确的产权本身。农村宅基地"三权分置"的主旨虽在放活宅基地的使用,但对权

---

❶　[美]罗伯特·考特,托马斯·尤伦:《法和经济学》,施少华等译,上海财经出版社 2002 年版,第 66 页。

❷　文龙娇,朱苗绘,陆玉梅:《三权分置下土地确权登记制度研究——综合比较与创新应用》,光明日报出版社 2019 年版,第 30 页。

利的确认却是首要和根本的。

农用地所有权、承包权、经营权的"三权分置"已经在立法中得以体现，宅基地"三权分置"也应提上日程。农村土地的权能体系已趋于完备，建立在"还能赋权"基础上的农村宅基地确权颁证工作应加快推进，以确保土地权利得到法律上的认证。

（二）推进土地市场交易，促进宅基地放活

宅基地"三权分置"下放活宅基地的使用，应将土地投入到市场机制中去，让市场发挥其调控作用来推动宅基地使用权的放活，激发其财产属性。

第一，农村土地流转交易需要具备以下要素——土地交易主体、土地交易客体和土地交易行为规则。完善农村土地交易机制需要从这三个方面入手。首先，要明确交易双方的资格条件，一方是农户，另一方是经济主体，要对两端的资格认定建立相应标准，并且在全国范围内设立统一的、具有公信力的资格标识，这样可以在一定程度上避免市场中出现欺诈行为。其次，土地交易客体自然是农村土地，要健全对农村土地的确权制度，做到每一亩田地都有自己的"档案"，还要保证信息的真实有效，对土地功能以及范围要有绝对公正的评判机制。最后，对于交易行为要设立基本的行为规范。此外，在市场经济的背景下，还要充分利用市场规则，遵循市场规律，最大限度地发挥市场供求机制、价格机制和竞争机制各自应有的作用，不断扩大农村土地市场规模，挖掘新的农村土地功能，吸引非农商业主体的参与。

第二，农村土地交易市场机制主要包括供求机制、价格机制和市场竞争机制。如果农地交易宣传不到位，农民对自身的权利以及其所能获得的利益缺乏认知，导致很大部分的农户不愿意向外流转土地，市场上的土地供给不够，再加上目前农业生产投资的利润较低，致使其对社会商业主体的吸引力小，市场上的需求也随之减少。此外，因为市场信息的不对称，农村土地资源要素流转效率低，在一些地方存在着土地需求不足和供给过剩共存的情况，市场化配置供给和需求产生了错位，市场竞争变得扭曲。

如果缺少合理的价格评估机制，土地交易双方尤其是欠发达地区的交易主体对土地价格就会缺少清晰的认知而随意出价。而且，农村土地交易处在较低水平，即交易双方并没有市场经济组织的加入，只是集体经济内部或者家族内部之间的流动，因此对于是否支付对价较为随意，没有形成"供给增加、价格减少，供给减少、价格增加"的市场规律，没有发挥出价格机制的作用。反观在高水平层次中，因土地交易过程有了市场经济体的加入，因此农户会联合起来与之进行讨价还价，这样才发挥出土地交易市场中价格机制的作用。我国现在的土地交易双方大多还是独立的个体，因此交易通常在私下进行，没有进入市场，也正是因为没有价格的对比就缺少彼此之间的竞争，竞争机制没有发挥出应有的作用；而高水平下的土地交易呈现出规模化的趋势，形成了区域性质的土地流转，自然会产生区域与区域之间的竞争，此时土地市场交易中的竞争机制开始发挥作用。此外，构建合理的农村土地交易激励机制也是非常必要的。帕累托优化❶是一个经济学概念，是指如果在不使任何人情况变化的情况下，而不可能使某些人的处境变好，那么就会缺乏优化的动力。目前，我国农村土地流转就与帕累托优化相类似，在农村土地流转中，如果在不影响别人利益的情形下参与流转的利益难以获得提高，就会缺乏土地流转的动力。为了增强农户流转土地的动力，要设立针对农村土地交易的补贴政策，并且准确地落实好农业补贴政策，提高土地要素收入。还要完善土地资源市场化配置利益分配机制，要切实保障农户和经济体应得的利益，共同享受交易成果，法律层面要完善相应的合同规范，对于因不可抗力导致合同目的无法实现的情况要有相关的补偿措施，最大化地避免出现一方压榨、一方欺骗、一方独断的现象。

第三，农村土地产权交易需要专门的平台提供帮助。根据 2016 年

---

❶　帕累托优化（Pareto Improvement），也称为"帕累托改善或帕累托改进"，是以意大利经济学家帕累托（Vilfredo Pareto）命名的，并基于帕累托最优变化，在没有使任何人境况变坏的前提下，使得至少一个人变得更好。一方面，帕累托最优是指没有进行帕累托改进余地的状态；另一方面，帕累托改进是达到帕累托最优的路径和方法。

《农村土地经营权流转交易市场运行规范（试行）》的规定❶，农村土地经营权流转交易市场平台主要包括农村土地经营权流转服务中心，农村集体资产管理服务中心、农村产权交易中心（所）等。事实上，在此之前就已经有一些省、市设立了相关交易平台，比如在 2008 年，经国务院批准，重庆市设立了农村土地交易所，这也是我国第一个农村土地交易平台。同年，成都农村产权交易所正式成立并揭牌。2015 年，经过河北省人民政府的批准，建立了河北农村产权电子交易中心。不光有官方建立的平台，还有一些民间企业专注于此，比如 2009 年在成都市创立的"土流网"，是中国较大的土地流转信息服务平台。无论是官方设立还是民间构建，其目的都是将土地信息进行整合，以此为农村土地交易双方搭建信息交流的场所，让交易过程更通畅。

第四，加大对农村土地交易市场的宣传力度。政策和制度制定得再好，如果宣传跟不上，没有人执行，那么活跃土地的目标也只能是水中月、镜中花。我们必须承认的是，农户对于政策信息的敏感度较低，需要组织有针对性的咨询服务，让他们了解自己的权利以及如何行使自己的权利，所以，一方面，基层政府要定期对农户进行免费培训，在宣传政策的同时，提高农户市场化的思维，让他们愿意投身于市场当中，培育高素质的农户，还要组织参观先进示范地区，通过各地之间的交流沟通，相互学习，共同提高。另一方面，对社会中的商业主体也要有一定的措施，要对具体从事农业生产的企业进行特定性宣讲，让企业知晓其自身的利益点，从而激发农户与商业主体合作的意愿，扩大农村土地交易市场的规模。

第五，平衡发达地区与欠发达地区之间的交易市场差距。土地交易发达地区与欠发达地区在市场规范、土地资源投入等方面均存在着差距，平衡两地区之间的差距既要有各自相应的措施，也要加强相互之间的互动。

---

❶ 2016 年农业部印发《农村土地经营权流转交易市场运行规范（试行）》第一条：在农村土地经营权流转交易市场内，进行农村土地经营权流转交易的，适用本规范。
本规范所指农村土地经营权流转交易市场，是指为农村土地经营权依法流转交易提供服务的平台，主要包括农村土地经营权流转服务中心、农村集体资产管理交易中心、农村产权交易中心（所）等。

对于经济欠发达地区而言，农村土地要加大要素投入，如科技、劳动、资金等，也要有相应的政策扶持，还要充分发掘当地农村土地整体优势产业，突出特色领域，实现整体土地增值。另外，欠发达地区要制定优惠政策，吸引经济发达地区中的农业生产主体参与进来，也可以依靠其丰富的经验来完善当地的农地交易政策，真正实现双赢的局面。

（三）发展中介组织，实现"第三方"助力运行

在"三块地"试点改革中，我们可以发现，宅基地抵押贷款的地价评估、入市或流转主体，以及在土地发展利益分配中的议价机制等，都离不开专业的第三方公司企业或中介机构的参与，试点中北京市大兴区、浙江省义乌市、贵州省湄潭县、广东省佛山市南海区以及广西壮族自治区北流市等地区已经引入了中介机构。

在发达国家的土地管理制度中，中介组织具有举足轻重的地位。在城市化的发展过程中，土地的市场化推动了中介组织的发展。[1]英国土地交易大部分环节都有法规或行规可循，专业问题有各专业团体提供质优价廉的服务，租赁双方在很多问题上并无信息不足问题，采用变动地租制产生的交易成本量不大且较为固定。[2]在美国，有表达农民利益、为农民服务，并依据农场主的利益需求调整自己的政策倾向[3]的农场局，以及遍布全国的农村合作组织。法国法律规定"土地转让必须经过管理机构，不获其批准，土地转让无效"[4]，因此建立了由 28 个土地管理和农业设施机构组成的非盈利、非政府但受政府监督的土地治理和乡村建设组织（SAFER）；另外，法国还建有土地事务所、土地银行和农村安置公司等。日本的"农

---

❶　奈杰尔·斯万：《东欧转型国家中的土地产权改革：问题与前景》//中国社会科学院农村发展研究所宏观经济研究室，《农村土地制度改革：国际比较研究》，社会科学文献出版社 2009 年版，第 4-6 页。

❷　曹军健：《靠什么历久不衰——英国土地租赁制度的启示》，《中国土地》2001 年第 2 期。

❸　农场局作为美国最重要的农民组织，其作用表现为：如果需要支持或反对联邦的某一项有利于或不利于农场主的法案，农场局一方面派出它强大的游说员队伍去游说国会和政府决策人物；另一方面动员它的 340 多万成员，对他们所选出的议员施加压力，使其支持或反对某项法案通过。参见李竹转：《美国农地制度对我国农地制度改革的启示》，《生产力研究》2003 年第 2 期。

❹　赖泽源：《比较农地制度》，经济管理出版社 1996 年版，第 36 页。

地保有合理化法人是沟通农地租借转让的一座桥梁，它先接收欲出租的农地，再将这部分农地租给欲租者"❶。韩国则形成了由地方农协和专业农协组成的完整的农协体系，为农民提供全方位的非盈利性服务。这些国家的农村土地中介组织为我国土地改革提供了借鉴。另外，鉴于土地价格评估、社会风险评估等需求，具有专业性的第三方机构的快速发展也是极为必要的。这些具有专业知识和技能的中介组织，可以为农民集体在土地征收议价过程、集体经营性建设用地入市以及农村宅基地及房屋抵押贷款中，以中立第三方的身份参与，确保交易主体双方法律地位平等、能力相当，避免农民集体因自身能力不足而遭受损失，也可以防止政府在土地征收议价机制中发生"权力寻租"问题，给农民和集体利益带来损害。

现阶段，中介组织在我国的发展尚不乐观，尤其是非营利性的农村组织更是少见，而且在实践中作用也不大。究其原因，一方面，是因为我国立法和政策本身对中介组织的支持较少，制度和资金都缺乏相应的保障；另一方面，是现有的农村非营利性中介组织也多以政府为依托，难以保持客观、中立的态度。这就要求国家应通过立法规范农村中介组织的设立、宗旨、机构和运行等，聘任独立的专业人员任职，并给予一定的资金支持，以确保其运行的独立性、有效性，为农民集体在土地流转中提供专业的服务。此外，专业技术人员的缺乏，也为农村中介组织的发展带来了较大的阻碍。盈利性中介机构尤其是土地评估等专业机构更是少之又少，而且收费较高。这就增加了宅基地"三权分置"改革乃至整个农村土地制度改革中农民集体聘用专业机构参与土地入市和流转等的难度和成本。有鉴于此，我国应该尽快培育和发展诸如土地价格评估机构、法律政策咨询机构、土地流转委托代理机构、监督调解机构、土地保险服务机构、投资融资公司等，使之成为土地改革中中立的第三方主体，为农民集体在信息获取、价格机制、市场参与等方面提供更多的帮助。

---

❶ 孙雅辉：《日本的农地流转制度及其对我国的启示》，《北方经贸》2007 年第 11 期。

二、形成土地增值收益，共享分配机制

宅基地使用权放活带来的流转、增值收益分配以及权利纠纷等需要得到相应的保障。"农村集体经济有效实现形式的分配制度一般会处理好三种关系：集体与个人；个人与个人；集体与管理者。"❶ "在分配制度中要体现成员在集体中的相应权利，激发其关系集体经济的主人翁意识，使其公平分享农村集体经济发展的成果，同时也要考虑农村集体经济的可持续发展及其所承担的公益性开支。"❷ 基于土地发展权和城市化发展形成的集体土地的增值"都与农民的劳动无关，也与资本的投入无关，而只与国家经济发展政策和经济发展成果有关"❸。土地发展权国有并不意味着土地增值的贡献全部来自国家管控；城市化发展的社会作用也不能独立产生土地增值的效果；土地所有权也并不能直接产生土地本身的增值。事实上，土地发展权所包含的土地用途和土地利用强度的变化，是国家和社会共同作用的结果。城市化的推进对土地的利用提出了新的要求，国家基于土地管控权对土地利用进行调整，二者相辅相成完成了土地发展权的客观实现，进而形成集体土地增值收益。然而，一块土地的增值具体源于何种作用，各种作用的占比都是无法准确量化的，国家、集体和农民共享集体土地增值收益各有法理基础。

（一）国家、集体和农民的收益分配依据

党的十八届三中全会提出要建立"兼顾国家、集体、个人的土地增值收益分配机制，合理提高个人收益"❹。改革需要平衡三者之间对集体土地增值收益的分配，首先需要在法理上为三者分配集体土地增值收益证成。

---

❶ 邵彦敏，冯蕾：《中国农村集体经营方式创新与机制构建》，《经济纵横》2014 年第 4 期。

❷ 邵彦敏，冯蕾：《中国农村集体经营方式创新与机制构建》，《经济纵横》2014 年第 4 期。

❸ 贺雪峰：《地权的逻辑Ⅱ：地权变革的真相与谬误》，东方出版社 2013 年版，第 23 页。

❹ 参见：《中共中央关于全面深化改革若干重大问题的决定》，2013 年 11 月 12 日中国共产党第十八届中央委员会第三次全体会议通过。

第一，作为管理者和服务者的国家。前文已述，土地的利用离不开国家的管理和控制。国家土地管控权决定了土地发展权属于国家，具有公权力的性质。我国当前立法对土地用途管制的规定已经事实上明确了这一法权。在土地增值过程中，"关于改变土地用途和提高土地利用强度的土地资源的初始配置（一级配置）由土地开发权决定，而不是市场决定；关于已经确定土地用途和开发强度的土地资源的市场配置（二级配置）由市场发生作用"❶。前者基于公权的运行形成增值，后者基于私权的行使产生收益。"如今土地所有权的社会义务性首先体现在保护公共利益的公法性规范之中，它们在重要性和实际意义方面排挤了主要用于平衡个体权利的私法。"❷ 从这个意义上说，即使是作为私权的土地所有者，也应首先让位于土地权利中所包含的公共利益的因素。因此，国家的管控权是优先于土地所有权的。集体土地的增值收益首先来源于土地发展权，如果没有土地发展权，也就不存在土地资源在二级市场的流通和收益；国家作为管理者，基于土地开发权参与集体土地开发增值收益具有合法性基础。

国家的意义"不应仅仅保证公民享有最起码的生存条件，它还应当以提供福利设施……来提高人民的生活质量"❸。从社会契约的角度而言，人们让渡自己的权利组成国家政权是为了过更好的生活，国家（政府）有义务为公民提升生活质量而作出努力。从这个意义上说，"政府为公民提供公共服务是政府的基本责任，不是政府对公民的额外恩惠"❹。而恰恰是政府的这一基本责任，形成了土地价值的提升。我国现阶段对农村土地所进行的改革是城市化发展的必然趋势。集体土地在二级市场的价值受政府对周边地块已有公共产品的投入，以及未来对该地块公共产品的投入的影响颇深。而良好的基础设施和公共服务又会推动和辐射周边地域的经济和社会发展水平，进而形成更广的城市化建设和良性的城市化发展。"现代地

---

❶ 华生：《城市化转型与土地陷阱》，东方出版社2014年版，第58页。
❷ ［德］曼弗雷德·沃尔夫：《物权法》，吴越，李大雪译，法律出版社2002年版，第61页。
❸ ［英］彼得·斯坦，约翰·香德：《西方社会的法律价值》，王献平译，中国法制出版社2004年版，第204页。
❹ 王薇：《政府支出责任转型的研究——基于基本公共服务均等化的背景》，红旗出版社2015年版，第30页。

租理论认为，最优规模的城市之中，总地租将会等于全部的公共产品的投入。"❶ 可见，政府公共产品投入是城市化发展过程中集体土地增值的一个重要原因。国家在以公共财政投入公共产品形成城市化的过程中，集体土地实现了增值，因此通过参与集体土地增值收益分配而收回投资成本，具有合理性。同时，因政府投入公共产品而产生土地增值收益，政府"应该分享一定的收益，以体现公平正义"❷。

国家在推行农村集体经营性建设用地入市改革试点期间颁布的《农村集体经营性建设用地土地增值收益调节金征收使用管理暂行办法》规定集体经济组织向国家缴纳集体经营性建设用地入市及再转让的增值收益的20%~50%。这表明国家参与分配的法律地位在该立法中客观上得到了肯定。不过，在集体土地增值收益形成过程中，全国和省级立法及土地利用规划和省、县级地方财政对公共产品的投入均发挥了实质作用；仅将集体土地增值收益调节金上交县级国库不利于区域平衡，也无法实现全域范围内的协调发展。因此，集体土地增值收益调节金的分配应强调中央和地方的比例。

第二，作为土地所有权主体的集体的收益分配权。集体经营性建设用地入市以土地财产权的利益实现为主，对农民集体土地财产权的保护能激发其提升利用效率和财富创造力。英国在《厄瓦斯特报告》中尝试土地所有权国有化，但终未实行，最终采取地利共享的制度模式，其"根本动因在于英国试图解决国家管制权与私人土地产权之间的矛盾，即如何在国家实施土地管制、公益优先于私利的前提下，最大限度地保障私权私益、增进市场活力、限缩行政权力"❸。土地征收在20世纪我国城市化发展中是最主要的集体供地方式，其"政府低价征收、高价出让形成的土地增值全部归公"在一定程度上忽视了集体和农民的权利，即忽略了土地所有权主体的利益。这很容易引发对土地所有权主体平等性的质疑。英国1932年的

---

❶ 吴次芳：《中国农村土地制度改革总体研究》，浙江大学出版社2018年版，第262页。

❷ 韩松：《论农村集体经营性建设用地使用权》，《苏州大学学报（哲学社会科学版）》2014年第3期。

❸ 彭錞：《土地发展权与土地增值收益分配——中国问题与英国经验》，《中外法学》2016年第6期。

《城乡规划法》和1942年的《厄瓦斯特报告》均认为，土地增值全部归公将消除土地所有权主体"改良土地、创造涨价的动力"❶。

农民集体作为土地所有权人参与土地增值收益的分配具有合法性依据。所有权中所包含的收益权和处分权决定了农民集体作为集体土地的所有权人自然有权依法获得集体土地的增值收益。如果没有增值收益的激励，农民集体大可基于处分权能放弃入市（在不符合征收条件的情况下），这显然不利于效率价值的实现，更不符合现代物权"从占有到使用"的转向；对国家的宏观发展和城乡建设也易产生现实阻碍。

不过，为维护土地交易市场、合理调节集体土地增值收益和维护国家利益，应对集体土地入市征收土地增值税，这样才能真正体现集体土地和国有土地"同权同价"的意义。只是集体土地开发的增值收益并非来自所有权主体的劳动收入，而是受土地开发和公共产品投入的影响所产生。仅征收土地增值税显然难以解决二次分配中的公平问题，立法还应该考虑设立保有税等其他税种。❷ 至于集体收益如何分配则可"由集体经济组织通过决议程序作出决定"❸。

第三，基于集体成员权的农民的收益分配。我国《民法典》第二百六十一条规定："农民集体所有的不动产和动产，属于本集体成员集体所有。"其中，"农民集体所有权的成员集体是指农村一定的集体所有的社区范围的人的整体"❹这些人事实上就取得了一种区别于他人的特殊身份，这种身份使得其获得了法律上的成员权。农民基于集体经济组织成员所享有的成员权使其对土地的权利得以具体化，"并且赋予主体（农民）对其所享有的财产份额以请求权"❺。成员权是农民对集体土地所有权享有财产

---

❶ 彭錞：《土地发展权与土地增值收益分配——中国问题与英国经验》，《中外法学》2016年第6期。

❷ 崔文星：《土地开发增值收益分配制度的法理基础》，《政治与法律》2021年第4期。

❸ 汪洋：《"三块地"改革背景下集体建设用地使用权的再体系化》，《云南社会科学》2022年第3期。

❹ 韩松：《论成员集体与集体成员——集体所有权的主体》，《法学》2005年第8期。

❺ 李红娟：《农村土地产权制度改革——从身份到契约的嬗变》，中国政法大学出版社2017年版，第141页。

权的依据,"集体所有权只有具体化为各种成员利益,方能真正保障其权利目标得以实现"。❶作为集体的成员,本集体经济组织的农民依法应当享有集体土地增值收益的分配权,而且"应由集体成员平等享有、平等分配"❷。作为集体成员的农民理应通过参与集体土地开发利用的具体程序,公平合理地参与集体土地增值收益的分配。

此外,农民享有集体土地增值收益是社会整体发展反哺农民的时代要求。国家在发展中形成的城乡二元差距还在弥合之中,"土地不仅仅是最基本的生产资料,发挥着生产功能的基础性作用,而且还承担着农民经济收益、社会保障和稳定心理归属的作用"❸。在英美法系和大陆法系的土地权利体系中,土地权利设置中本身就包含有"解决特定人养老和生活问题"❹的内容。在城乡社会保障尚未一体化的背景下,集体土地依然承担着本集体经济组织农民的社会保障作用。集体土地增值收益中自然应包含这一内容。在经济学的模拟研究结论中甚至得出"降低土地增值收益调节金、提高农民土地增值收入并不影响农村基础设施的有效供给"❺的结论。这为本集体经济组织成员直接分享集体土地增值收益提供了更有力的证明。

土地发展权所产生的增值收益是相对的且具有地域性,在土地增值收益分配中很容易忽视尚未受到城市化发展辐射的群体的权利。集体土地增值收益分配应考虑不同地区、经济水平、社会发展的差异,尽力弥合地域和城乡之间的差距,确保同一时代的农民平等享有及利用土地资源的权利。

(二)农村土地增值收益的共享模式

首先,集体土地增值收益应惠及全体农民。土地空间资源的地域性决

---

❶ 管洪彦:《农民集体成员权研究》,中国政法大学出版社 2013 年版,第 39 - 40 页。
❷ 崔文星:《民法物权论》,中国法制出版社 2017 年版,第 266 页。
❸ 林翀,林卿,谢代祥:《中国经济发展进程中农民土地权益保护的理论逻辑》,《理论与改革》2008 年第 4 期。
❹ 这体现为大陆法系的用益物权和英美法系的终身地产权。详细内容参见高富平:《土地使用权和用益物权——我国不动产物权体系研究》,法律出版社 2001 年版,第 24 页。
❺ 方先明,胡丁:《乡村振兴中的集体经营性建设用地入市的经济增长效应》,《江苏社会科学》2022 年第 2 期。

定了并不是每一块土地都有同等的发展权。不同地域的土地发展水平不同，同一地域不同用途的土地发展强度也有差异，甚至同一地域同样用途的土地也会因为规划不同而存在差异。这就导致集体土地增值收益的直接受益人是土地发展权实现的对应地块的集体和集体经济组织的农民，以及受到辐射作用的相关地块的主体；而其他地块空有土地发展权但无发展机会或者失地农民丧失分享土地增值收益的机会。"承认集体土地发展的权利就意味着发展机会的均等化。"❶ 法律上平等的一个重要内容在于权利义务的对等性。"如果一部分人承担了制度变迁的大部分代价，却没有相应地享受到制度变迁带来的好处，相反，这种制度变迁所带来的好处主要由另一部分人享用，那么，至少在制度变迁这个具体问题上存在着严重的权利—义务关系不对称。"❷ 同一代人之间的平等要求国家在开发和利用土地资源时必须整体规划，要求国家通过税收的二次分配调节集体土地增值收益。只有这样，才能形成更有效的土地利用激励机制。

其次，集体土地增值收益调节金应优先适用于城乡公共服务均等化。我国学者十多年前的研究就曾表明，一段时期以来，"我国政府对广大农村地区的公共服务职能长期以来处于缺位和失位的状态，农村社区成了社会福利和服务的自给主体"❸。其实这种状态在集体经营性建设用地入市试点中依然有所体现。如安徽省金寨县、湖南省浏阳市等地以土地收益用于农村基础设施建设。这并不能称为一种创新，相反地，更体现了一定的无奈与折中。中国城乡二元发展固然有其特殊的历史背景，但党的十六届六中全会通过的《中共中央关于构建社会主义和谐社会若干重大问题的决定》明确提出要"完善公共财政制度，逐步实现基本公共服务均等化"。其中"均等"就体现对城乡、对地区的均匀供应，这也是公平价值的内在要求。集体土地增值收益中国家参与分配的部分应优先投入农村基础建设

❶ 陶源：《二元公有制下土地发展权与土地增值收益分配的研究》，《云南财经大学学报》2021 年第 4 期。

❷ 高兆明：《"分配正义"三题》，《社会科学》2010 年第 1 期。

❸ 高鉴国，高功敬：《中国农村公共品的社区供给：制度变迁与结构互动》，《社会科学》2007 年第 3 期。

和人居环境的优化中。

需要注意的是，土地孕育了人类，是人类繁衍和传承的基本载体。对土地的利用亦不应站在某一个时期，而应在历史中探求土地对于全人类的意义。公平价值从代际角度而言，意味着"发展在能够保证当代人的福利增加的同时，也不使后代人的福利减少"❶。集体土地增值收益是对土地利用形成的，就不应仅仅是这一时代的产物。当代人和后代人都有平等利用土地资源、谋求生产与发展的权利。在集体土地增值收益分配中考虑代际的公平价值是科学发展观和可持续发展的必然。第一，集体土地增值收益分配的全民共享基于土地全人类共有。现代世界各国的立法确认土地所有权主体为国家、组织或个人，这是以现实视角作出的制度安排。但从历史的角度出发，土地从来不属于某一个特定的主体，"是全人类共同赖以生存和发展的最终的客观物质载体"❷。由此而言，当代人享有的土地所有权并不是绝对意义的权利，土地权利是全人类共有的权利。以土地所有权为基础的财产权利必然也应属于全人类而非某一时代的人。因此，集体土地增值收益应留存后代人的利益。具体而言，集体土地增值收益调节金的使用应倾向于维持和保证后代人同当代人享有至少同样生活的权利，比如粮食安全、资源环境优化、历史遗迹保护等。第二，集体土地增值收益分配的全民共享要求合理开发利用土地。人类的生存发展权不是一代人或者两代人的权利，而是整个人类延续中代际的传递与延伸，当代人必须留给后代人生存和发展所必要的资源。"可持续发展要求满足全体人民的基本需要和给全体人民机会以满足他们要求较好生活的愿望。"❸ 这里的全体人民既包括当代人，也应包括后代人。土地资源具有稀缺性特征，土地资源的修复需要漫长的时间。"现在的人只是受托看管这块土地而已，土地是属

---

❶ ［英］戴维·皮尔斯等：《世界无末日》，张世秋，译. 中国财政经济出版社 1996 年版，第 59 页。

❷ 郑雄飞：《中国农村"土地换保障"的实践反思与理性建构》，上海三联书店 2015 年版，第 213 页。

❸ 世界环境与发展委员会：《我们共同的未来》，王之佳，柯金良，等译. 吉林人民出版社 1997 年版，第 53 页。

于那些死亡及还未出生之人的。"❶ 当代人有义务保证土地的质量，有义务
保证每一代人相当的对土地利用的选择。这就要求当代人在开发利用土地
时不得以损害后代人的土地利益为代价。具体而言，土地发展形成的增值
要注重代际分配。❷ 国家在进行土地利用规划和确定宏观分配政策时，要
避免由于短视而竭泽而渔。

第二节　强化农民教育，提升农民主体能力

在城镇化过程中，主要涉及土地的城镇化和人的城镇化两个方面。职
业教育是人的城镇化中的重要环节。以当前建立在"三权分置"基础上的
土地流转的方式来完成的土地城镇化，与农民土地上的权益密切相关。仅
依靠现有立法和公权来保障农民在土地城镇化进程中的权益显然不足；农
民自身对权利的认知及救济能力才是其土地制度改革中的"护身符"。这
又对农民法治教育提出了更高的要求：不是停留在现有的普法层面，而是要
有针对性地对相关法律进行宣讲和释义。那么，就保护农民权益的意义而
言，当前中国农民教育不单是提升自我素质的问题，更是农民该如何适应社
会转型并提升其主体能力的问题。城镇化发展和乡村振兴要求国家重新审视
对农民的继续教育，走一条符合社会实践的中国特色农民教育之路。

一、农民教育是"三权分置"下农民权益保障的要求

就我国农民这个群体而言，在很多方面都处于劣势，农民的市场地位
和人格地位低，政治权益、经济权益和财产权益无法得到有效保障，文化
教育权益和社会保障权益的保障严重不足。从教育权益和社会保障权益来

---

❶ 菲斯泰尔·德·古朗士：《古代城市希腊罗马宗教、法律及制度研究》，吴晓群译. 上海
人民出版社 2006 年版，第 98 页。

❷ 郑雄飞：《地租的时空解构与权利再生产——农村土地"非农化"增值收益分配机制探
索》，《社会学研究》2017 年第 4 期。

说，我国的教育资源分配不均导致农民获得的公共教育资源本就很少，加上农民完成义务教育后接受继续教育的机会少，或因缺乏经济支持而无法接受职业教育，使得农民整体的文化水平较低。社会保障制度发展不完善，当前农村社会保障覆盖面积小、保障范围有限、保障内容不完整，相比于城市居民，农民无法享受养老保险、失业保险、医疗保险等社会保险以及住房保障、优抚安置等基本保障。

在城市化进程中，进入城镇的农民不仅因无法取得城市户口而无法享受与城市居民相同的待遇，而且在许多领域其权益也受到了侵害。例如，劳动就业权，农民在城镇中没有就业的优势，农民充分就业权益和平等就业权益受到了制约，部分私营企业或农民工雇用方存在随意延长工作时间、加重工作任务、延期支付工资等违法行为，更是严重损害了农民工的权益。❶ 还有农民工子女的教育问题近年来也得到了持续的关注，农民工子女上学贵、上学难、升学难等问题一直没有得到有效的解决。

这些问题从根源来讲是由于社会经济发展的不平衡所造成的，解决这些问题既需要国家改革有关制度，也需要农民努力提升自己的技能和水平。通过不断推进和完善农民的继续教育，才能有效地提升农民的职业技能和综合水平，不断推进农民职业化发展的可能性，以此来化解当前农民权利受损、农民与城市居民事实上无法有效衔接等现实问题，弥合城乡发展的二元化差序格局。❷

2018 年"中央一号文件"提出要"建设法治乡村"，要"强化乡村振兴法治保障"。这不仅要"充分发挥立法在乡村振兴中的保障和推动作用"，而且要保证农民维护自身合法权益的内生力量。国家强调要不断加大农村的普法力度以提高农民的法治素养，要加强对农民的法律援助和司法救助。但这种法治素养从根本上首先得能够有针对性地保护农民的合法权益，而非泛泛地普及法律常识；对农民的法律援助和司法救济也不过是

---

❶ 肖进成：《〈劳动合同法〉实施效果研究——以保护农民工的合法权益为视角》，《调研世界》2011 年第 9 期。

❷ 杨璐璐：《乡村振兴视野的新型职业农民培育：浙省个案》，《改革》2018 年第 2 期。

外力的事后救济，而无法使农民的合法权益保障于未受损之前。❶ 在法治背景下，对"三农"开展法治教育应是农民教育的应有之义。

二、国外农民教育的理论及经验

西方更早开始工业化和城市化进程，农民继续教育的理念也较为先进。各个国家从多方面积极探索适合本国的经验，其中不乏共通之处。而我国对农民教育在理论研究与实践领域方面稍显不足。它山之石可以攻玉，国外在农民教育发展中积累的理论和经验，对满足我国当前农民教育的现实需求具有重要借鉴意义。

（一）规范立法是农民教育的基本前提

美国关于农民职业教育的法律始于 1862 年的《莫里尔赠地法》，这部法律确定了美国农民教育的发展雏形；美国又在 1917 年通过《史密斯 - 休斯法》，进一步促进了美国农民教育的稳定发展；1997 年通过的《哈奇法案》，使美国建立了农业推广的统一体系，相关的法律还包括《乔治·里德法案》《乔治·迪尔法案》等。❷ 这些法律规定了美国联邦政府对农业教育所承担的责任和义务，也包括对各州农业教育的制度规定和经费支持。

日本农业教育法律体系也较为完整，先有从明治政府时期开始制订并实施的《农业教育通则》，后有《农业改良助长法》《终身学习振兴法》《终身学习完善法》《农业基本法》等法律法规，其中对农民教育的整体目标、培养的方案、内容、期限、资金提供等方面都作出了明确的规定，这些举措使日本的农民教育高效可行。

韩国也从 20 世纪 90 年代开始陆续颁布有关农民教育的法律，先是规定了整体社会终身学习的《社会教育法》，又制定了配套的《终身学习

---

❶ 李爱芹：《乡村振兴战略的法治保障》，《上海农村经济》2020 年第 3 期。
❷ 孙鸿志：《美国农业现代化进程中的政策分析》，《山东社会科学》2008 年第 2 期。

法》，再到 2000 年又细化规定了《终身教育法》与《终身教育法实施细则》。这些法律规定使得韩国国民的终身教育不断走向法治化、规范化、现代化与人性化的新高度。而国民终身教育中的重要部分就是农民的继续教育，随着终身学习思想理念的深入和普及，农民的学习观念也在逐渐增强，进而促进了韩国农民继续教育的实施效果。❶

英国在 20 世纪 80 年代颁布了《农业培训局法》，以此来保障农民教育的顺利进行。法国也规定了农民必须接受职业教育并取得《合格证书》后才能享受国家补贴和优惠贷款，取得经营农业的资格。❷

在国外，许多国家为了保证农民教育的顺利进行，在立法方面都对农民教育作出了一系列的规定，推动了国家农民教育向着规范化、制度化方向发展。❸

（二）财政支持是农民教育的重要保证

良好制度的运行离不开政府的支持和保障，许多国家都对农民教育给予积极的政策支持和有力的制度推动。从国际上许多国家的做法来看，政府的支持主要表现为：资金保障、培训指导和相关资格认证。

美国以联邦政府为核心建立了较为完备的农民职业教育经费体系。明确规定，各州每年提供一定量的教育经费用于发展当地农民职业教育，规定公立培育机构应免费为农民提供培训和教育，为鼓励农民积极参加农业培训，还向参加培训的农民提供经费补助。❹ 韩国政府专门动用财政拨款于 1997 年建立韩国国立农业专门学校，充分保证农民教育的经费需求❺。埃及政府也高度重视农民教育，全国教育经费在国民收入中占比很高，政

---

❶ 欧阳忠明，唐薇，徐晨阳，杨文茜，李书涵，刘雨婷：《终身教育领域研究：现状与思考——基于国内相关文献的述评》，《中国职业技术教育》2019 年第 15 期。

❷ 向安强，贾兵强，许喜文，林楠：《浅论国外农民教育的特点》，《成人教育》2006 年第 1 期。

❸ 胡寿壮：《我国新型职业农民教育的策略探析——基于农业发达国家农民教育的思考》，《现代化农业》2019 年第 3 期。

❹ 付倩，胡建勇：《美国和日本农民教育对我国新型农民培育的启示》，《现代化农业》2017 年第 2 期。

❺ 向安强，贾兵强，许喜文，林楠：《浅论国外农民教育的特点》，《成人教育》2006 年第 1 期。

府每年拨给农业院校的经费都很充足。瑞典的农业大学经费充足，设备先进。据统计，爱尔兰政府每年用于推行农业职业教育及农业技术的费用高达 2500 英镑。❶ 英国政府也大力资助农民教育培训产业的发展。德国政府承担农民学员的培训教育费用，并由学校为农民学员提供免费住宿。日本也推行了一系列政策来支持农民教育的发展，日本政府大力扶持农业技术教育的发展，对教授农业的学校给予财政经费补助，对特定职业的农民提供低息贷款，向青年职业农民提供补助金和特殊的优惠政策，通过财政类、信贷类、保险类的支持型政策促进了农民职业教育的顺利推进。❷ 在政府的大力支持下，相关的农业学校除常年有计划地招收和培养农业、畜牧、园艺方面的学生外，还定期为那些志愿学习农业、畜牧、园艺技术的人们提供免费的技术培训和实习指导。❸ 日本还建立了对于职业农民资格的认定条件和程序，并完善相关认定的管理体制和后续的保障机制。而农民只有通过参加培训和教育获得相应的知识和能力，才能通过资格考试取得《资格证书》，只有取得《资格证书》，也才能享受国家的相关优惠政策。通过这一系列的政策，日本的农民教育取得了良好的效果，也被其他国家学习和效仿。国外农民教育普遍受到政府重视，农民教育的普及与农民教育水平的提高是实现农业现代化、提高农业生产力最根本的措施，国外农民教育的良好发展离不开各国政府的大力支持和有力推进。

（三）多元模式是农民教育的实现路径

各国在农民教育领域并没有完全依赖于某一主体开展，不仅充分发挥各专业院校、农业培训中心的作用，而且还同时充分利用家庭农场、合作场地等的作用，构建多元主体实现路径。日本"产学结合"模式的基本思路是对有初中学历的农民在农业高等院校进行三年培养以完成中等农业职

---

❶ 石田：《国外加强农业教育与提高农民素质的做法》，《世界农业》1997 年第 2 期。

❷ 付倩，胡建勇：《美国和日本农民教育对我国新型农民培育的启示》，《现代化农业》2017 年第 2 期。

❸ 李瑶，万蕾：《职业农民培育：日本的经验及对我国的启示》，《农民科技培训》2019 年第 3 期。

业教育。在学习中不仅要进行专业知识的学习，同时还要到农场参加实习，从而实现理论与实践相结合。这不失为培养应用型人才的有效模式。英国农民教育以农业培训网为主体力量，并辅之以高校及科研与咨询机构，形成了满足不同层次需求的正规教育与业余培训相结合的农民教育体系。法国农民教育则由国家和私人一起办学，使得职业培训深入到田间地头和农民家庭。荷兰则将农民教育与科研和推广结合起来，整体推动国家农业发展。

各国农民教育更注重实际的教育方法，多种培训机构的相互结合，形成了符合国家农村实际情况的培训教育体系。❶ 同时，农民和农场主参与学校教育计划的制订和学生考试成绩的评定，这也是国外农民教育的先进之处。例如，韩国开展学生服务团活动，通常由大专院校的学生志愿者在假期开展，主要到农村地区开展有关改进耕作方法和实施环保计划等活动，以促进城乡之间的相互沟通与连接；❷ 在社区和农村为农民开办成人教育班，免费提供插花、家政、编织等各项培训。美国对于农民教育的方式非常灵活，农民可以根据自己的学习需要和实际情况，随时随地参加各种形式的继续教育活动。在入学形式上，无须参加各州统一组织的入学考试，只须经过学校必要的测试后即可进入学校学习；❸ 此外，在办学形式、办学地点、受教育方式上均有很大的灵活自主空间。

三、当代中国农民教育的实现路径

随着经济发展变化日益增大、社会需求越来越多元化，终身学习、终身教育的理念被大众所认可，农民也不仅仅只满足于衣食住行的物质需求，对学习也产生越来越强烈的需求，对于农民的教育也在不断实践中得到完善和改进，以适应社会发展的多元化需求。构建我国的农民教育制度

❶ 许喜文，贾兵强，向安强，等：《国外农民培养的历史经验与特点》，《广东农业科学》2009 年第 6 期。
❷ 方正淑：《韩国终身教育的现状与课题》，《外国教育研究》1997 年第 4 期。
❸ 冯红霞：《美国成人教育的发展趋向》，《继续教育研究》2010 年第 5 期。

不仅是经济和社会发展的必然要求，更是农民为了追求幸福生活的必要手段。❶ 要解决我国的"三农"问题，离不开提高农民素质和大力发展农民教育。农民作为一个国家人口的重要组成部分，对于一国综合竞争力的提升也越来越重要，唯有从国家层面意识到发展农民教育的重要性，才能为我国农业产业现代化打下良好的基础。❷

（一）终身教育立法下的农民教育专项立法

加强农民教育以提升农民主体能力，首先要在立法层面落实对农民教育的保障。从我国终身教育的角度来看，应当在终身教育中列入对农民教育的内容，随后制定下位法来保障农民教育。为稳步推进我国农民教育工作，有必要紧密研究并制定《农民教育法》，完善与农民教育相关的法律法规体系，将农民教育置于国家发展的基本国策之中。我国早些年也认识到发展农民教育的重要性并进行了一些试点改革工作，但从全国范围看，各地工作进展不同，实践效果也有差别。究其原因，我国农民教育法律制度尚不完善，尤其缺乏国家层面对职业农民教育的立法保障。当务之急是尽快出台一部保障农民继续教育能够顺利进行的法规，对农民接受教育培训作出相关规定并采取一些鼓励措施，从而使政府有法可依、有法必依，进一步规范政府部门、涉农单位、培训机构和职业农民自身的责任和义务，在以法律形式保障农民权利义务的同时，更好地规范农民教育培训。

（二）行政主体是农民教育的主导力量

农民教育的良好发展需要政府部门的大力支持，政府应当改变对农民教育的认识，不应把农民教育仅仅看作是为了提高农业经济的总量及改善农民作为人力资源的素质，而应秉持人权理念，把农民教育的出发点和落脚点定位为保护人权、尊重人权。政府在农民教育中的扶持作用至少可从以下三个方面发力。

---

❶ 王羽菲，祁占勇：《新中国成立 70 年来我国农民职业教育培训的嬗变轨迹——基于政策与法律文本的分析》，《职业技术教育》2019 年第 36 期。
❷ 蒋丽丽：《成人教育理论研究新探》，《成人教育》2017 年第 5 期。

第一，我国现阶段农民教育应以政府为主导。从各国已有经验来看，企业培训在农民职业教育方面的作用突出。但是我国目前农业领域的企业发展水平有限，大部分地区尚处于吸引企业进入农村的阶段，企业还没有能力也没有对农民进行先期教育的强烈意愿。如果仅仅指望农民自己来提升其农业技能的话，在实践中的可行性很低。这对于农业企业入驻和农民职业化发展而言是一个死循环。因此在当前阶段，农业相关管理部门应是农民教育的主导者。政府有能力也有责任进行调查，发现农民需求和市场要求，以调整农民教育的课程设计和学习内容，更好地适应农村经济社会的发展。❶

第二，农民教育所需经费应以政府投入为主。我国应当加大对农民继续教育的财政支持，政府在年度财政预算中应把农民教育作为一项重要的内容，保障农民继续教育的经费，尽快建立国家农民教育基金，从而为农民教育提供坚实的经济支撑。❷ 可以向国外学习，吸引跨国企业和国内企业直接对农民的职业技术教育进行资金投入，❸ 出台相关的优惠政策鼓励国内外的企业对我国农民进行培养，通过提升农民的专业技能为企业创造更多的利润，从而实现双赢。建议构建包括产业扶持政策、创新创业服务、金融信贷与保险、社会保障在内的职业农民就业创业扶持政策体系，完善产业发展支持政策，支持农民领办兴办新型农业经营主体；优化完善创新创业服务，落实各类支持创新创业的政策措施到农民头上，鼓励引导农民参与多种创新创业活动。另外是农民专业合作经济组织的投入。合作经济组织本身要为社员、选出的代表、经理和雇员提供教育和培训。应加大政府的支持力度，探索各级政府设立"专业技术人员农民教育基金"的路子，应通过制度实施有关法规并大力宣传农民教育工作，鼓励企业和专业技术人员对农民教育的投入。❹ 各级政府统筹农民教育及其经费投入，

---

❶ 罗蓓：《论新型农民培养与农民教育休系重构》，《继续教育研究》2017 年第 6 期。

❷ 潘奇青，姜卫良，张小兵，等：《我国农民教育存在的问题及对策研究》，《山东农业大学学报（社会科学版）》2006 年第 1 期。

❸ 李文政：《农村职业教育发展模式与策略审视》，《继续教育研究》2009 年第 8 期。

❹ 朱长艳，阎颖：《新农村建设背景下关于我国农村职业教育的发展思考》，《北方经济》2007 年第 10 期。

各级各类学校和县、乡科技人员承担施教任务。在国家贷款方面，对有无《绿色证书》、《学历毕业证书》和《职业资格证书》的农民，在银行贷款、科技成果转让等方面制定相应的区别政策。加强师资队伍的建设，提高培训人员整体素质。我国农民教育师资严重匮乏，国家应从宏观、长远的角度加以解决。首先，要提高从教人员的待遇，稳定现有农民教育专职队伍，并提供多种形式的教师进修活动，由高等院校或科研院所加强对他们的培训。其次，建立多元培训教育队伍。鼓励农村各方面的"技术能手"参与农民教育工作，将他们的知识和技能传授给乡邻。同时可建立流动的农民教育师资队伍，国家鼓励有关院校和科研院所的研究人员到第一线参与农民教育工作。最后，建立健全农民教育法律法规，实现依法依规办好农民教育。要提高农民教育的管理水平，必须加强农民教育的制度化和规范化建设。

第三，政府应完善服务以畅通农民就业渠道，保障农民教育的效果。农民的教育固然重要，但是其教育后的职业化道路却是更应关注的问题。如果缺乏就业渠道，势必会打击农民学习的积极性。美国、日本建立的职业介绍所以及中等农业院校的职业指导机构为农民就业提供了渠道。我国尚处于转型阶段，设立独立的农民职业介绍中介机构可行性不足，农业院校亦承担不了职业介绍和指导的具体工作。乡镇政府是联系基层群众和市场的重要桥梁，由其提供涉农企业与农民之间的联系服务是农民职业教育发展的保障。

（三）职业教育与法治教育的双向结合

随着现代化的发展，农村的普法教育理念也在逐步提升，农民在实际生活中运用法律途径解决纠纷的频率也在上升，这也说明我国普法教育成效显著。应当进一步加强我国农村社会的法治建设水平和发展速度，保证农民对法律问题有正确的认识，以便于更好地维护自身的合法权益。为推动我国农民教育的发展，应落实农民教育的法律法规，推动政府相关保障政策的制定和实施，让农民群众能够依法接受继续教育。创新农村普法管理体制，增加普法实效，在总结普法基础工作经验上，有效提高农民法律

素质，建立健全管理制度，研究探索建立健全新型的农村普法管理体系。❶

对于农民教育，应当建立适合我国基本国情和农民教育发展现状的职业体系，遵循农民成长规律和学习特点，探索建立适合农民教育的方式方法。可以构建新型农民职业分类体系，将农民的各类岗位或工种纳入国家职业资格目录。同时，规范职业农民资格认定程序，明确认定时间、认定程序、考核考试方法等具体事宜，实行新型职业农民证书动态管理制度，通过严格的准入机制和退出机制，保持新型职业农民队伍的生机和活力。❷积极探索和创新人才培养模式，把现代教育方式与传统教育方式有机衔接起来，做到长短结合、远近结合、点面结合，阶段性教育与终身教育结合，技能性培训与系统性教育相结合。❸

（四）高等院校承担农民教育的社会义务

高等院校的使命不仅仅在于培养高学历的知识分子，在其社会义务中更包含有为社会持续发展输送技术人才支撑的内容。在当前农民职业化教育和普法教育两个重要方面，我国高等院校都可以成为至关重要的主战场。

我国现有农业高等院校 124 所，涉农专业 32 类。农业高等院校在农民职业化教育中的优势是当前以广播电视大学为主阵地的农民教育机构不可比拟的。首先，农业高等院校有专业的技术人才、充实的教育资源、雄厚的科研能力和丰富的教学经验。农业技术专家下基层是增进农民学习热情的重要方式，也是国家重视农民职业教育的具体表征。加之近几十年来我国教育硬件设施的发展使远程教育、网络授课等技术已经非常成熟。高校教师不必长期深入农村，就可通过线上和线下教学相结合的方式对农民开展职业化技术培训。其次，科学研究要与客观环境相适应。农业高等院校

---

❶ 马丹：《农村基层普法教育问题与对策研究》，《智库时代》2019 年第 27 期。

❷ 李瑶，万蕾：《职业农民培育：日本的经验及对我国的启示》，《农民科技培训》2019 年第 3 期。

❸ 郭智奇：《大力发展农民职业教育 培养高素质职业农民》，《中国农业教育》2011 年第 1 期。

将部分科研试点设在农村，一方面解决了科研的实际需求，另一方面亦可对农业科技化发展产生直观的影响和推动。最后，农业高等院校可以通过"非脱产"等方式为广大农民尤其是中青年农民提供继续教育的机会，这不仅有利于农民职业化的发展，而且对于整个国民教育而言也意义非凡。鉴于我国目前农业现代化发展需求与企业和农村的科技化能力不足而导致的无法完成自身"造血"之间的矛盾，因此，农业高等院校在很长一段时间内必须承担起农民职业化教育的社会责任和义务。

农民法治教育在法治中国建设及农民权益保障中的意义尤为重要。我国当前农村法治教育主要是普法宣传类教育，这对农民权益保障而言缺乏针对性和专业性。笔者在对土地流转等问题的农村调研中发现，农民对与之息息相关的土地相关立法知之甚少，而这一缺失的弥补单靠村民自治机构或者是基层司法所的力量往往是不够的。高校法学院在农村法治教育中主要可以通过两个路径发挥作用：一是发挥法学院在校学生的法治教育作用。高校可开展"法律下乡"等活动，利用寒暑假的时间组织学生去农村进行"三农"立法宣传，为农民提供简单法律咨询。二是由高校工会与村委会接洽，组织法学院分工会对口进行相关法律讲解与农民法律咨询等社会服务。法学院学生和教师的这种定向服务，对于农民法治教育的专业性和针对性而言优势明显。

第三节　构建城乡接轨的社会保障制度

宅基地"三权分置"建构下必然产生农村传统社会结构、家庭结构的转型以及城乡人口的流动。这就意味着与之对应的原来的社会保障制度能够与人的流动一起转移是极为必要的。然而受我国曾经的城乡二元结构制度的影响，城乡社会保障制度之间还存在脱节，这会直接影响宅基地"三权分置"的推进。因此，构建城乡接轨的社会保障制度极为必要。

一、构建城乡接轨社会保障制度的现实需求

在我国城乡二元结构体制之下，长期的户籍制度使农民和城市居民之间产生了很大的差距，农村户口和城镇户口所享受的社会保障和福利待遇有很大差别，"尤其是教育、医疗、保险、就业等权利，这些权利和利益的缺失使农民客观上与城市居民处于一种不对等的状态……"❶，这也是我国长期以来想要解决的一个社会问题。在宅基地"三权分置"的背景下，构建城乡接轨的社会保障制度更具现实紧迫性。

（一）城市化发展推进城乡差距逐渐缩小

首先，随着城市化进程的推进，城乡发展差距逐渐减小，城乡之间的联系和互动日益密切。城市和农村之间的人口流动和资源流动加速，城乡融合发展成为当前社会的重要趋势。但是目前城乡社会保障制度的不平衡不仅影响了城乡居民的生活水平和社会保障待遇，也制约了城乡经济社会一体化发展的进程。截至 2024 年 3 月，我国城镇职工基本养老保险参保人数为 52267 万人，城乡居民基本养老保险参保人数为 54383 万人，失业保险参保人数为 24191 万人，工伤保险参保人数为 29471 万人。❷

其次，原来依靠土地作为保障的模式逐渐失去意义。城乡差距的逐渐缩小致使仅仅依靠土地作为保障的模式已经逐渐虚化，单纯依靠土地作为农村居民生活的保障已经不再现实。具体表现为土地收入比重下降、无耕地与耕地集中趋势增强、农村居民土地保障情结变迁、年轻人脱离土地倾向明显等方面。❸ 随着社会生产力的不断发展，以及新型生产工具的出现会导致耕地出现集中趋势，土地为农村居民所提供的就业保障就会逐渐减

❶ 杨立新，冯尚春：《新农村建设中培育新农民的理性透析》，《东北师范大学学报（哲学社会科学版）》2007 年第 4 期。
❷ 《2024 年 1—3 月人力资源和社会保障主要统计数据》，载中华人民共和国人力资源和社会保障部网站，https://www.mohrss.gov.cn/xxgk2020/fdzdgknr/ghtj/tj/dttj/202404/W020240423537632092191.pdf，最后访问日期，2024 年 9 月 26 日。
❸ 梁鸿：《土地保障：最后一道防线的虚化》，《发展研究》1999 年第 6 期。

弱，农村剩余劳动力的数量就会增多，依靠土地作为保障的模式也就会失去意义。构建城乡接轨的社会保障制度，有利于促进城乡经济社会一体化发展，推动城乡资源要素的流动和优化配置。

（二）农村劳动力和资源向城市转移

2023 年，我国农民工总量达到 29753 万人，比上一年增加 191 万人，增长 0.6%。其中，本地农民工 12095 万人，比上一年减少 277 万人，下降 2.2%；外出农民工 17658 万人，比上一年增加 468 万人，增长 2.7%。年末在城镇居住的进城农民工 12816 万人。在外出农民工中，跨省流动 6751 万人，占比 38.2%；省内流动 10907 万人，占比 61.8%。分区域看，东部地区外出农民工中跨省流动占 13.8%，中部地区占 51.7%，西部地区占 44.5%，东北地区占 30.9%。[1] 因此要保障农民工的合法权益。农民工和农村居民一直是城乡社会保障制度建设服务的重点对象。通过解决农民工应有的劳动报酬权、休息休假权、劳动安全权等实体权益，以及农民工就业的稳定性、养老保险的完善、相关医疗、天灾人祸时该依靠谁等问题来实现。[2] 加强对农民工和农村居民的社会保障，建立健全的城乡社会保障制度，可以有效保障他们的基本权益，提高他们的生活质量和社会保障水平。同时要促进城乡劳动力平等地享有社会保障待遇。城乡劳动力在社会保障制度方面存在差异，城市居民享有的社会保障待遇相对较高，而农村居民和农民工的社会保障待遇相对较低。社会救助待遇作为社会保障的"最后一道防线"，对农民工群体尤其重要。[3] 构建城乡接轨的社会保障制度，有利于实现城乡劳动力平等享有社会保障待遇，促进社会公平和正义。

（三）城乡社会保障不平衡

产权作为城乡居民关注的重点问题，由于城市居民所具有的先天优

---

[1] 《2023 年农民工监测调查报告》，中华人民共和国中央人民政府网站，https://www. gov. cn//ianbo/bumen/202404/content_694813. htm，最后访问日期，2024 年 9 月 26 日。

[2] 司亚勤：《论农民工合法权益的保障》，《贵州社会科学》2005 年第 2 期。

[3] 任兰兰，王春蕊，姜伟：《新型城镇化背景下农民工社会保障待遇确定机制研究》，《河北师范大学学报（哲学社会科学版）》，2015 年第 3 期。

势，在城乡融合的大趋势下，城乡社会保障的不平衡使进入城市生活的农村居民面临许多困难。"产权的社会属性是有限度的。虽然可以设置公共产权或者赋予产权的社会属性提供个人无法提供的公共物品，但是必须看到以产权的社会属性提供公共物品，只能是小范围的、临时性的、补充性的，且是不可持续的。产权的社会属性只能解决小范围的、小规模的公共物品供给，不可能支持工业化、城市化所需要的公共物品需求。因此，产权的社会功能是有限度的。但是，产权的社会性类似'毛细血管'，具有适应性、渗透性、补充性和契合性，与国家提供的公共物品有较强的互补性。"❶ 如何使产权合理分配在发挥其经济属性的同时最大程度地发挥其社会属性，需要进行重点研究。"通过各类产权安排，赋予一定数量的产权以社会属性，从而提供公共物品，维持农业社会的自我运转。这一产权安排是农业文明持续的制度基础，也是传统中国领跑世界的制度"密码"。随着国家治理现代化，产权的属性会相互转化。当国家供给公共物品能力比较弱时，产权将会承担更多的社会属性，为基层社会提供民生性公共需求；当国家供给公共物品能力比较强时，产权的社会属性会逐渐减弱，经济属性会逐渐增强。"❷ 人们通过内动力驱动自发追求财产的过程也是追求幸福的过程，人人都有追求幸福的权利，因此城乡社会保障的差距不应成为追求幸福的阻碍。"财产这个词或是自然法上的，或是市民法上的。财产，根据自然法被说成是使人幸福（即使人变得幸福）的东西，使人幸福即有用。"❸

经济的快速发展已经使城乡发展融合成为趋势，新趋势所带来的新的社会条件要通过各种方式加以利用，而不是让目前存在的城乡社会保障差距成为"传统"，从而让其逐渐成为"底色"或"根基"。"社会的变迁受历史惯性的支配，经过长期社会历史形成并积淀的社会因子会对当今及未

---

❶ 邓大才：《中国产权变迁与经验——来自国家治理视角下的启示》，《中国社会科学》2017年第1期。

❷ 邓大才：《中国产权变迁与经验——来自国家治理视角下的启示》，《中国社会科学》2017年第1期。

❸ 王卫国：《现代财产法的理论建构》，《中国社会科学》2012年第1期。

来社会的变化及路径产生规制性影响，形成一个社会发展的'底色'或'根基'。当形成'传统'的社会条件仍然存在，'传统'就会继续发生影响。"❶

社会保障权作为全体公民的权利，我国目前还缺乏一部统一的有关社会保障的基本法律。社会保障权具有其合法性基础，有学者指出，社会保障权的合法性基础主要体现在人民与国家关系中"民本主义"，基于文明社会中的人道主义，社会秩序中的稳定与和谐原则，以及市场分配制度中的公平、正义原则❷等方面。而现有的社会保障制度显然对城镇居民更为关注，而农民的社会保障仍是与城镇居民社会保障分立的。但是公民权是一种制度性资源，通过公民权的实现才能改变农民在社会保障领域的缺失与不足。"公民权是一个潜在的独一无二的资源，尤其是对那些缺少其他种类资源的人来说，这一问题更加突出。"❸

在如今城乡结合的大背景下，进城务工的农村居民越来越多，但因为长期实行的户籍分离制度，使农民工的居住权难以获得保障。住房作为一种独一无二的资源，对农村居民来说无疑是必须面对的问题。因此有必要保障农村居民的居住权，而居住权又是社会权的一种，保障城乡居民拥有基本的社会权至关重要。社会权是"基于福利国家或社会的理念，为使任何人都可以获得合乎韧性尊严的生存，而予以保障的所有权利的总称"❹。"社会权的形成就是为了解决资本主义高度发达的情况下，劳资对立与贫富悬殊等各种社会矛盾与弊害，防止传统的自由权保障流于空洞化，谋求全体国民特别是社会经济弱者的实质自由平等而形成的新型人权。"❺ 从消极的角度说，现代社会权利的发展是为了应对并最大限度地降低社会成员在面临那些存在于现代社会中的问题时所遭遇的风险，如贫困、严重的不

---

❶ 徐勇：《中国家户制传统与农村发展道路——以俄国、印度的村社传统为参照》，《中国社会科学》2013 年第 8 期。

❷ 张慧平，王霄艳：《论社会保障权的合法性基础》，《理论探索》2006 年第 4 期。

❸ [美] 格尔哈斯·伦斯基：《权力与特权：社会分层的理论》，关信平，译．杭州：浙江人民出版社1988 年版，第 103 – 104 页。

❹ [日] 清宫日郎：《宪法Ⅰ》，有斐阁 1986 年版，第 22 页。

❺ [日] 田上穰治：《宪法事典》，青林书院新社 1984 年版，第 105 页。

平等以及与此相关联的健康和社会排斥问题等；而从积极的角度说，它们意指一系列积极的应享权利，即将下面这些方面看作个体终生的权利：获得足以维持生计的收入（失业补偿、低收入补偿、养老金、残疾人救济金等），拥有工作，获得健康服务，拥有能够满足基本需要的住房，享受基本的义务教育。❶ 构建城乡接轨的社会保障制度，有利于缓解城乡社会保障不平衡的问题，缩小城乡保障不平衡的现状。

二、城乡接轨社会保障的实现机制

为推进宅基地"三权分置"的实现，以及保障宅基地制度改革后城乡居民的社会保障制度得以落实，有必要设计一套城乡接轨的社会保障机制，使得城乡社会保障管理、运行能够有统一的平台和执行机制。

（一）统一城乡社会保障管理体系

统一城乡社会保障管理体系是推动城乡社会保障制度一体化和协调发展的关键举措，旨在整合城乡社会保障管理资源，实现统一管理、协同运作、高效服务。设立统一管理机构，负责统筹规划、协调管理城乡社会保障事务。该机构应具备统一的政策制定、资源分配和监督检查职责，确保城乡社会保障制度的一致性和稳定性；建立统一的城乡社会保障法律法规体系，明确城乡社会保障的基本原则、制度安排和管理程序。统一的法律法规体系有利于消除城乡社会保障制度之间的差异，提高城乡居民的社会保障待遇；使用统一的政策执行标准，制定统一的城乡社会保障政策执行标准，明确各项社会保障待遇的发放条件、标准和程序。统一的政策执行标准有利于规范城乡社会保障管理行为，保障城乡居民的权益和利益。具体而言，统一的城乡社会保障管理体系应包含以下三个方面。

第一，设立统一的城乡社会保障管理机构，负责城乡社会保障制度的整合管理和统筹协调工作。该机构应具有统一的政策制定、规划管理和监

---

❶　王小章：《公民权视野下的社会保障》，《浙江社会科学》2007 年第 3 期。

督检查职责。城乡社会保障管理机构应促进城乡居民居住权互换，目前城市居民大部分有多余产权，而进城务工的乡村居民居住成为一大问题。该机构可以通过鼓励城乡居民互换居住权的方式实现空闲房屋的最大化利用居住。

第二，执行统一城乡社会保障标准，确保城乡居民享有相同的社会保障待遇。这包括养老、医疗、失业、工伤、生育等各项社会保障待遇。具体可以建立在城城、乡乡、城乡互助等方面。"城城互助"体现在由"龙头"企业承担一部分社会责任，通过定点分配、责任到人的方式为乡村居民提供相应保障；"乡乡互助"体现在进城务工的乡村居民可以通过缴纳保险等方式，建立共同"资金池"，在个别居民出现困难时可以共同分担；"城乡互助"体现在通过城市与具体乡村对接等方式，由人力资源局进行统一派工等来解决具体保障问题。

第三，统一城乡社会保障政策的标准和待遇，消除城乡居民之间的社会保障差异。制定包括养老、医疗、失业、工伤、生育等各项内容的统一的城乡社会保障政策。目前城乡社会保障制度差异主要是由于长期实行的二元户籍制度引起的，应设立一定的时间阈值，进城务工够一定时间的务工村民自动享受和城镇居民一样的社会保障等措施来消除城乡居民之间的社会保障差异。主要是让目标群体对政策有更高的认可度，执行政策的相应机构也要增强自身能力。

（二）推进城乡社会保障资金共享

在城乡社会保障接轨中，资金保障是其中的关键组成部分，通过城乡社会保障的资金共享来确保城乡社会保障过程中资金的调剂使用，有助于实现城乡居民相同的社会保障待遇。

第一，城乡社会保障资金的共筹和调剂使用。根据中华人民共和国人力资源和社会保障部公布的《2020 年度人力资源和社会保障事业发展统计公报》，2020 年末养老保险参保职工比上年末增加 1681 万人，而退休增加人数为 452 万人；参保人数增加远高于退休人数。而且年末有 10.5 万户企业建立企业年金，企业年金累积 22497 亿元，企业年金投资收益全年累计

1010.47亿万元。❶在城市养老基金参保人数增加且多元创收的情况下，通过资金调剂实现城乡社会保障基金的调剂使用，可以支持农村社会保障事业的发展。统一的征缴标准和政策有利于增加社会保障基金的筹集规模，提高基金的可持续性积累。

第二，建立风险防范和共担机制。城乡社会保障基金在共筹和调剂使用的同时，也应该建立相应的风险防范机制，确保城乡社会保障基金的安全运行。采取有效的风险管理措施，预防和化解基金运行中的风险，保障基金的稳健运行。这就离不开相应的监管机制的构建，通过强化审计和监督的方式，强化对城乡社会保障基金的监督和审计，确保基金的使用效益和合法合规。建立健全相关监督机制，加强对基金使用情况的监督和检查，及时发现和纠正问题，保障基金的安全和有效使用。

（三）构建城乡社会保障信息平台

我国居民现阶段仍是以户籍所在地或工作所在地为基础建构的社会保障制度，相关社会保障信息也不具有地区之间的互通，因此，当居民进行户籍迁移或者是人口流动的时候容易出现社会保障迁移障碍的问题。构建城乡社会保障信息化平台，实现城乡社会保障数据的统一采集和管理，有助于城乡社会保障数据的共享和交换。在城乡居民迁移、流动或暂时居住其他地区时，通过跨地区的信息交换和共享能够保障居民顺利享受该地区的社会保障待遇，实现城乡居民社会保障的有效衔接。同时，各地要创新政务模式，以城乡居民的各种社会保障需求为导向，对社会保障信息平台操作流程进行设计，打造跨部门、无缝隙式的办理模式，提高城乡居民社会保障事务的办理效率。通过该平台，提供便捷的城乡社会保障服务，满足城乡居民的多样化需求，提高城乡社会保障服务水平和质量。尤其是在宅基地"三权分置"下，城乡人口流动更加频繁，应做好社会保障信息资源共享工作。将从农村进入城市工作的人员纳入平台信息收集范围，及时

---

❶《2020年度人力资源和社会保障事业发展统计公报》，载中华人民共和国人力资源和社会保障部网站，https：//www.mohrss.gov.cn/xxgk2020/fdzdgknr/ghtj/tj/ndtj/202106/t20210604_415837.html.最后访问日期：2024年9月26日。

拓展整合并持续完善已经在城市内工作一段时间的城乡居民信息，并覆盖已经无效的信息，相关部门对其信息情况进行核实，通过大数据短信等方式提醒其应办理的社会保障相关业务。同时，在城乡社会保障信息平台办理社会保障业务的城乡居民也有相关渠道将自己办理社会保障业务时遇到的困难，以及成功办理的相关经验以各种形式留在信息平台以供其他城乡居民参考，形成良好的生态循环。

整体而言，统一的社会保障管理体系、城乡社会保障资金共享和风险共担机制、城乡社会保障信息平台的使用，能使城乡社会保障缓慢接轨。在这个过程中，还应不断鼓励社会力量参与社会保障事业的发展，加强对资金使用的监督管理，确保社会保障资金发挥最大效益。营造良好环境，认真组织社会保障普法宣传教育，制定并完善相关配套政策措施，为社会保障制度实施提供完备的法律保障，为社会保障事业发展创造良好的法治氛围。切实加强对社会保障工作的宣传发动，不断改进宣传形式、丰富宣传内容，增进社会各界对社会保障知识的了解，调动各方面的积极性和创造性，形成全社会共同推动社会保障事业发展的良好局面。

结　语

在《中共中央、国务院关于实施乡村振兴战略的意见》中提出宅基地"三权分置"改革是深化农村土地制度改革的重要举措，被赋予"强化乡村振兴制度性供给"的重要使命。❶ 在多个"中央一号文件"中，宅基地制度改革都被明确提及。2020 年，《深化农村宅基地制度改革试点方案》从"五探索、两完善、两健全"九个方面提出新一轮宅基地制度改革的要求。目前，宅基地"三权分置"改革已经在全国 100 多个试点地区展开并取得了一定成果。宅基地"三权分置"的实现形式探索成为当前阶段改革的要点所在。

宅基地"三权分置"改革是对传统宅基地权利体系的重构，旨在构建适应中国特色土地产权制度的宅基地制度以推动乡村振兴，❷ 这在现行几个以乡村振兴条例规定宅基地"三权分置"内容的地方性法规中亦有体现。我国乡村振兴战略的总要求是"产业兴旺、生态宜居、乡风文明、治理有效、生活富裕"。而对标各地方实践在宅基地"三权分置"探索中的一系列措施皆与此相一致。从现实意义角度而言，宅基地"三权分置"的实现，可以改变农民就业模式和推动农村经济社会的发展，有助于增加农民的财产性收入和改善农村居民的居住环境，能够吸引社会资本的青睐进而促进城乡文化的交流，也能够在传承乡土文化的基础上形成田园产业化

---

❶ 刘双良：《宅基地"三权分置"助力乡村振兴的作用方向与机制完善——基于三个改革试点典型实践的对比分析》，《中州学刊》2024 年第 1 期。

❷ 李怀，陈明红：《乡村振兴背景下宅基地"三权分置"改革的政策意蕴与实践模式》，《中国流通经济》2023 年第 4 期。

转型。从法律价值角度而言，宅基地"三权分置"改革的实现既维护了宅基地使用的公平价值要求，亦有助于盘活宅基地使用下的效率价值，更重要的是农户"资格权"和其他民事主体"使用权"的分离为发展和秩序之间的平衡找到了连接点。

从国家和地方政策支持和推动方面，我们可以看到持续、坚定、有力的政策支持力度和探索改革的决心；从路径探索方面，各个试点地区不断推出模式各异又与当地特色相结合的实现机制；从整体效果方面，各个地方在试点中既强调改革的深入，也尊重农民的意愿，既探索创新模式，亦关注农民居住保障，形成了抵押贷款、地票交易、有偿退出、阶梯有偿使用等实践经验。不断规范的农村宅基地治理方式、稳妥推进的宅基地退出回收等都为进一步盘活宅基地使用增加了保障和潜力。通过宅基地制度改革激发土地的财产属性和增加农民财产性收入的目标在试点中不断获得经验。

但是，农村宅基地制度改革无法一蹴而就，试点实践与国家立法依然应保持审慎的态度稳步推进；农村宅基地制度改革亦不是孤立的存在，而是一项系统工程。在全面深化农村土地改革、推进乡村振兴的过程中，要构建以"土地"为基础的连接相关配套政策的乡村建设体系。有鉴于农民对宅基地制度改革中政策的理解和参与不足现状，可以借助现代科技手段，如手机 APP、微信小程序以及普法宣传、信息展板等多种形式，做好政策宣传和引导工作。吸引社会资本等参与到农村宅基地改革中来亦是实现宅基地"三权分置"的重要内容。在当前背景下，宅基地"三权分置"的实现依然任重道远。

参考文献

著作：

[1] 刘守英. 中国土地问题调查土地权利的底层视角［M］. 北京：北京大学出版社，2017.

[2] 马克思，恩格斯. 马克思恩格斯选集：第一卷［M］. 北京：人民出版社，1995.

[3] 易鹏. 中国新路——新型城镇化路径［M］. 成都：西南财经大学出版社，2014.

[4] 毛泽东. 毛泽东选集：第三卷［M］. 北京：人民出版社，1991.

[5] 马克思. 资本论：第1卷［M］. 北京：人民出版社，2004.

[6] 高王凌. 人民公社时期中国农民"反行为"调查［M］. 北京：中共党史出版社，2006.

[7] 刘云生. 农村土地股权制改革 现实表达与法律应对［M］. 北京：中国法制出版社，2016.

[8] 张德瑞. 中国农民平等权利法律保护问题研究［M］. 南昌：江西人民出版社，2009.

[9] 周诚. 土地经济学原理［M］. 北京：商务印书馆，2003.

[10] 辛鸣. 制度论：关于制度哲学的理论建构［M］. 北京：人民出版社，2005.

[11] 蔡文辉. 社会学理论［M］. 台湾：三民书局印行，1986.

[12] 付子堂. 法律功能论［M］. 北京：中国政法大学出版社，1999.

[13] 陈小君. 农村土地法律制度的现实考察与研究 中国十省调研报告书［M］. 北京：法律出版社，2010.

[14] 马克思，恩格斯. 马克思恩格斯全集：第42卷［M］. 北京：人民出版社，1979.

[15] 马克思. 资本论：第3卷［M］. 北京：人民出版社，2004.

[16] 马克思，恩格斯. 马克思恩格斯选集：第三卷［M］. 北京：人民出版社，1995.

［17］马克思，恩格斯. 马克思恩格斯全集：第25卷［M］. 北京：人民出版社，1979.

［18］马克思，恩格斯. 马克思恩格斯文集：第7卷［M］. 北京：人民出版社，2009.

［19］华生. 城市化转型与土地陷阱［M］. 北京：东方出版社，2013.

［20］杨庆媛. 土地经济学［M］. 北京：科学出版社，2018.

［21］吴次芳. 中国农村土地制度改革总体研究［M］. 杭州：浙江大学出版社，2018.

［22］王利明. 物权法［M］. 北京：中国人民大学出版社，2015.

［23］何嘉. 农村集体经济组织法律重构［M］. 北京：中国法制出版社，2016.

［24］习近平. 习近平谈治国理政：第2卷［M］. 北京：外文出版社，2017.

［25］柴荣，王小芳. 城市化发展中的土地流转和农民权益保障研究［M］. 北京：北京师范大学出版社，2018.

［26］石奇. 高质量发展：问题、辨识与路径［M］. 南京：江苏人民出版社，2021.

［27］李宜琛. 日耳曼法概说［M］. 北京：中国政法大学出版社，2003.

［28］王泽鉴. 民法总则［M］. 北京：北京大学出版社，2009.

［29］樊志全. 土地确权理论与制度［M］. 北京：中国农业出版社，2003.

［30］王卫国. 中国土地权利研究［M］. 北京：中国政法大学出版社，1997.

［31］孙宪忠. 论物权法［M］. 北京：法律出版社，2008.

［32］王景新. 现代化进程中的农地制度及其利益格局重构［M］. 北京：中国经济出版社，2005.

［33］梁慧星. 中国物权法草案建议稿条文、说明、理由与参考立法例［M］. 北京：社会科学文献出版社，2000.

［34］温世扬，廖焕国. 物权法通论［M］. 北京：人民法院出版社，2005.

［35］孔祥俊. 民商法新问题与判解研究［M］. 北京：人民法院出版社，1996.

［36］向勇. 中国宅基地立法基本问题研究［M］. 北京：中国政法大学出版社，2015.

［37］董红. 当代中国村民自治问题研究［M］. 北京：中国农业出版社，2014.

［38］孔祥智，史冰清，钟真，等. 中国农民专业合作社运行机制与社会效应研究百社千户口调查［M］. 北京：中国农业出版社，2012.

［39］张晋藩. 中华法制文明的演进［M］. 修订版. 北京：法律出版社，2010.

［40］李永安. 中国农户土地权利研究［M］. 北京：中国政法大学出版社，2013.

［41］柴荣，王小芳. 农民土地权益保障法律机制［M］. 北京：社会科学文献出版社，2017.

［42］陈甦. 民法总则评注：上册［M］. 北京：法律出版社，2017.

［43］管洪彦. 农民集体成员权研究［M］. 北京：中国政法大学出版社，2013.

［44］刘俊. 中国土地法理论研究［M］. 北京：法律出版社，2006.

［45］李红娟. 农村土地产权制度改革从身份到契约的嬗变［M］. 北京：中国政法大学出版社，2017.

［46］许欣欣. 当代中国社会结构变迁与流动［M］. 北京：社会科学文献出版社，2000.

［47］郑永流. 当代中国农村法律发展道路探索［M］. 北京：中国政法大学出版社，2004.

［48］马克思，恩格斯. 马克思恩格斯全集：第2卷［M］. 北京：人民出版社，1957.

［49］贺雪峰. 地权的逻辑Ⅱ：地权变革的真相与谬误［M］. 北京：东方出版社，2013.

［50］王薇. 政府支出责任转型的研究 基于基本公共服务均等化的背景［M］. 北京：红旗出版社，2015.

［51］吴次芳. 中国农村土地制度改革总体研究［M］. 杭州：浙江大学出版社，2018.

［52］崔文星. 民法物权论［M］. 北京：中国法制出版社，2017.

［53］高富平. 土地使用权和用益物权 我国不动产物权体系研究［M］. 北京：法律出版社，2001.

［54］郑雄飞. 中国农村"土地换保障"的实践反思与理性建构［M］. 上海：上海三联书店，2015.

［55］世界环境与发展委员会. 我们共同的未来［M］. 王之佳，柯金良，等译. 长春：吉林人民出版社，1997.

［56］赵树枫，李廷佑，张强，等. 农村宅基地制度与城乡一体化［M］. 北京：中国经济出版社，2015.

［57］应星. 农户、集体与国家——国家与农民关系的六十年变迁［M］. 北京：中国社会科学出版社，2014.

［58］王兆林，骆东奇. 宅基地"三权分置"中农民分享退地增值收益研究［M］. 北京：科学出版社，2019.

［59］曹泮天. 宅基地使用权流转法律问题研究［M］. 北京：法律出版社，2012.

［60］冯蕾. 中国农村集体经济实现形式研究［M］. 北京：新华出版社，2016.

［61］向勇. 中国宅基地权利发展研究［M］. 北京：中国社会科学出版社，2016.

［62］李尧. 社会主义土地制度之省思［M］. 北京：中国水利水电出版社，2011.

［63］黄贤金，汤爽爽. "三块地"改革与农村土地权益实现研究［M］. 南京：南京

大学出版社，2016.

[64] 贺雪峰. 大国之基：中国乡村振兴诸问题 [M]. 北京：东方出版社，2019.

[65] 华生. 新土改：土地制度改革焦点难点辨析 [M]. 北京：东方出版社，2015.

译著：

[1] 塞缪尔·P. 亨廷顿. 变化社会中的政治秩序 [M]. 王冠华，刘为，译. 上海：上海人民出版社，2021.

[2] 勒鲁. 论平等 [M]. 王允道，译. 北京：商务印书馆，1988.

[3] 孟德斯鸠. 论法的精神：上 [M]. 张雁深，译. 北京：商务印书馆，1982.

[4] 卢梭. 社会契约论 [M]. 何兆武，译. 北京：商务印书馆，1980.

[5] 托克维尔. 论美国的民主：上 [M]. 董果良，译. 北京：商务印书馆，1997.

[6] 约翰·罗尔斯. 正义论 [M]. 何怀宏，译. 北京：中国社会科学出版社，1988.

[7] 穆勒. 政治经济学原理及其在社会哲学上的若干应用：下 [M]. 胡企林，朱泱，译. 北京：商务印书馆，1991.

[8] 亨利·乔治. 进步与贫困 [M]. 吴良健，王翼龙，译. 北京：商务印书馆，1995.

[9] 迪特尔·梅迪库斯. 德国民法总论 [M]. 邵建东，译. 北京：法律出版社，2000.

[10] 艾利思. 农民经济学 农民家庭农业和农业发展 [M]. 胡景北，译. 上海：上海人民出版社，2006.

[11] 阿瑟·刘易斯. 经济增长理论 [M]. 周师铭，等译. 北京：商务印书馆，1996.

[12] 罗伯特·D. 考特，托马斯·S. 尤伦. 法和经济学 [M]. 施少华，姜建强，等译. 上海：上海财经大学出版社，2001.

[13] 曼弗雷德·沃尔夫. 物权法 [M]. 吴越，李大雪，译. 北京：法律出版社，2002.

[14] 斯坦，香德. 西方社会的法律价值 [M]. 王献平，译. 北京：中国人民公安大学出版社，1990.

[15] 戴维·皮尔思，杰瑞米·沃福德. 世界无末日 经济学、环境与可持续发展 [M]. 张世秋，等译. 北京：中国财政经济出版社，1996.

[16] 菲斯泰尔·德·古朗士. 古代城市 希腊罗马宗教、法律及制度研究 [M]. 吴晓群，译. 上海：上海人民出版社，2012.

[17] 伦斯基. 权力与特权：社会分层的理论 [M]. 关信平，等译. 杭州：浙江人民

出版社，1988.

［18］奈杰尔·斯万．东欧转型国家中的土地产权改革：问题与前景［M］//中国社会科学院农村发展研究所宏观经济研究室．农村土地制度改革：国际比较研究．北京：社会科学文献出版社，2009：4-6.

［19］张文显．法理学［M］4版．北京：高等教育出版社，北京大学出版社，2011.

期刊：

［1］孙乐强．农民土地问题与中国道路选择的历史逻辑——透视中国共产党百年奋斗历程的一个重要维度［J］．中国社会科学，2021（6）：49-76，205.

［2］薛小建．宪法中土地制度之比较研究［J］．法律适用，2007（12）：79-82.

［3］马克敏．论我国农民宅基地使用权制度及其完善［J］．内江师范学院学报，2003（5）：58-60.

［4］白彬．农村宅基地管理中存在的问题及对策研究：以广宁县古水镇为例［J］．农技服务，2017，34（14）：159-160.

［5］杨玉珍．农户宅基地利用状况、腾退意愿及利益诉求：对河南省1105个样本农户的调查［J］．现代经济探讨，2013（4）：65-69.

［6］张光辉，邓建辉，麦静，等．农村宅基地流转现状、问题与对策研究：基于梅州市的调查分析［J］．南方农村，2015，31（2）：11-16.

［7］曾芳芳，林德福，杨亚平，等．基于城乡一体化背景下的农村宅基地问题研究（一）：现实困境及其根源探究［J］．福建农林大学学报：哲学社会科学版，2011，14（5）：21-24.

［8］李英，王瑷玲，朱忠显，等．农村宅基地使用存在的问题分析及政策建议：基于山东省栖霞市农村宅基地使用状况调查［J］．国土资源科技管理，2009，26（6）：127-131.

［9］刘俊．农村宅基地使用权制度研究［J］．西南民族大学学报：人文社会科学版，2007，（3）：116-123.

［10］徐伟．城乡一体化进程中农村宅基地流转问题探析［J］．兰州学刊，2010，（10）：99-101.

［11］江晓华．宅基地使用权转让的司法裁判立场研究［J］．法律科学（西北政法大学学报），2017，35（1）：191-200.

[12] 邓海峰. 土地法律秩序的解构与重塑：以土地征收制度的限缩为中心展开 [J]. 清华法治论衡，2012（2）：218-236.

[13] 陈小君，高飞，耿卓，等. 后农业税时代农地权利体系与运行机理研究论纲：以对我国十省农地问题立法调查为基础 [J]. 法律科学（西北政法大学学报），2010，28（1）：82-97.

[14] 林森，高许花，张鑫. 洛阳市孟津区"3343"宅基地改革机制探究 [J]. 河南农业，2024（3）：10-11.

[15] 杨亚楠，陈利根，龙开胜. 中西部地区农村宅基地闲置的影响因素分析：基于河南、甘肃的实证研究 [J]. 经济体制改革，2014（2）：84-88.

[16] 张广辉，张建. 宅基地"三权分置"改革与农民收入增长 [J]. 改革，2021（10）：41-56.

[17] 惠建利. 乡村振兴背景下农村闲置宅基地和闲置住宅盘活利用的实践考察及立法回应 [J]. 北京联合大学学报：人文社会科学版，2022，20（2）：109-116.

[18] 宋志红. 乡村振兴背景下的宅基地权利制度重构 [J]. 法学研究，2019，41（3）：73-92.

[19] 姜红利，宋宗宇. 集体土地所有权归属主体的实践样态与规范解释 [J]. 中国农村观察，2017（6）：2-13.

[20] 管洪彦. 农村集体经济组织法人立法的现实基础与未来进路 [J]. 甘肃政法学院学报，2018（1）：34-46.

[21] 陶钟太朗，沈冬军. 论农村集体经济组织特别法人 [J]. 中国土地科学，2018，32（5）：7-13.

[22] 公丕祥. 论权利的确认 [J]. 法律科学（西北政法学院学报），1989，（3）：8-12.

[23] 孙建伟. 土地开发权应作为一项独立的财产权 [J]. 东方法学，2018，（5）：120-131.

[24] 彭錞. 土地发展权与土地增值收益分配——中国问题与英国经验 [J]. 中外法学，2016，28（6）：1536-1553.

[25] 薛军. "民法-宪法"关系的演变与民法的转型：以欧洲近现代民法的发展轨迹为中心 [J]. 中国法学，2010（1）：78-95.

[26] 徐文文，傅秀云. 谈共享发展理念的理论渊源及历史发展 [J]. 学理论，2017（10）：5-6.

［27］钟君，孟心炜，虞慧平. 马克思地租理论对我国农村土地流转的启示［J］. 吉林农业，2011（3）：55－57.

［28］彭錞. 土地发展权与土地增值收益分配：中国问题与英国经验［J］. 法律文化研究，2020（1）：299－323.

［29］李贤利. 习近平共享发展理念的理论来源探究［J］. 中共四川省委党校学报，2018（3）：14－21.

［30］谢晖. 论新型权利生成的习惯基础［J］. 法商研究，2015，32（1）：44－53.

［31］温世扬. 集体所有土地诸物权形态剖析［J］. 法制与社会发展，1999（2）：39－43.

［32］肖方扬. 集体土地所有权的缺陷及完善对策［J］. 中外法学，1999（4）：86－90.

［33］史建民. 论土地承包经营法律关系及其保护［J］. 农业经济问题，2000（8）：35－39.

［34］王小映. 全面保护农民的土地财产权益［J］. 中国农村经济，2003（10）：9－16.

［35］张英洪. 公共品短缺、规则松弛与农民负担反弹：湖南省山脚下村调查［J］. 调研世界，2009（7）：18－21.

［36］韩松. 农民集体土地所有权的权能［J］. 法学研究，2014，36（6）：63－79.

［37］宋刚. 论收益权能的用益物权化［J］. 法商研究，2013，30（6）：10－17.

［38］董新辉. 新中国70年宅基地使用权流转：制度变迁、现实困境、改革方向［J］. 中国农村经济，2019（6）：2－27.

［39］王利明，周友军. 论我国农村土地权利制度的完善［J］. 中国法学，2012（1）：45－54.

［40］马俊驹，童列春. 论私法上人格平等与身份差异［J］. 河北法学，2009，27（11）：48－53.

［41］席志国.《民法典·物权编》评析及法教义学的展开［J］. 东方论坛——青岛大学学报：社会科学版，2021（2）：75－98.

［42］席志国. 土地经营权性质的法解释论及其制度构造［J］. 河南师范大学学报：哲学社会科学版，2022，49（6）：32－40.

［43］徐鹏飞.《民法典》视野下土地经营权性质辨析［J］. 中共山西省委党校学报，2023，46（3）：78－82.

[44] 朱广新. 论土地承包经营权的主体、期限和继承 [J]. 吉林大学社会科学学报，2014，54（4）：28 – 37.

[45] 韩松. 农民集体土地所有权的权能 [J]. 法学研究，2014，36（6）：63 – 79.

[46] 韩松. 我国农民集体所有权的实质 [J]. 法律科学（西北政法学院学报），1992（1）：32 – 37.

[47] 王铁雄. 集体土地所有权制度之完善——民法典制定中不容忽视的问题 [J]. 法学，2003（2）：41 – 47.

[48] 谭庆康，潘智慧. 论我国村的民事法律地位——对我国农村产权制度的构想 [J]. 法学，2003（3）：85 – 89.

[49] 孙爱平. 论农村集体土地所有权的主体 [J]. 经济师，2004（1）：41 – 42.

[50] 汤文平. 宅基地上私权处分的路径设计 [J]. 北方法学，2010，4（6）：146 – 153.

[51] 胡昌银. 中国土地权利立法论纲 [J]. 扬州大学学报：人文社会科学版，2007（2）：21 – 26.

[52] 孟勤国. 禁止宅基地转让的正当性和必要性 [J]. 农村工作通讯，2009（12）：18 – 19.

[53] 章波，唐健，黄贤金，等. 经济发达地区农村宅基地流转问题研究——以北京市郊区为例 [J]. 中国土地科学，2006（1）：34 – 38.

[54] 王卫国. 现代财产法的理论建构 [J]. 中国社会科学，2012（1）：140 – 162.

[55] 董新辉. 新中国70年宅基地使用权流转：制度变迁、现实困境、改革方向 [J]. 中国农村经济，2019（6）：2 – 27.

[56] 王崇敏，张丽洋. 我国农村宅基地使用权继承制度的构建 [J]. 河南省政法管理干部学院学报，2011，26（Z1）：142 – 147.

[57] 郑尚元. 宅基地使用权性质及农民居住权利之保障 [J]. 中国法学，2014（2）：142 – 157.

[58] 张力，王年. "三权分置"路径下农村宅基地资格权的制度表达 [J]. 农业经济问题，2019（4）：18 – 27.

[59] 吴昭军. 宅基地使用权继承的理论障碍与廓清——以重释"一户一宅"为切入点 [J]. 农业经济问题，2021（5）：78 – 89.

[60] 瞿理铜，朱道林. 基于功能变迁视角的宅基地管理制度研究 [J]. 国家行政学院学报，2015（5）：99 – 103.

[61] 李林. 法治社会与弱势群体的人权保障 [J]. 前线，2001（5）：23 – 24.

［62］漆多俊. 时代潮流与模块互动："国家调节说"对经济法理论问题的破译［J］.
经济法论丛, 2007（1）：1 – 55.

［63］肖顺武, 董鹏斌. 中国式现代化视域下宅基地退出中农民权益保障的制度回应
［J］. 西安财经大学学报, 2023, 36（3）：109 – 119.

［64］邵彦敏, 冯蕾. 我国农村集体经营方式创新与机制构建［J］. 经济纵横, 2014
（4）：66 – 69.

［65］曹军建. 靠什么历久不衰：英国土地租赁制度的启示［J］. 中国土地, 2001
（2）：42 – 47.

［66］李竹转. 美国农地制度对我国农地制度改革的启示［J］. 生产力研究, 2003
（2）：181 – 182.

［67］孙雅辉. 日本的农地流转制度及其对我国的启示［J］. 北方经贸, 2007（11）：
130 – 131.

［68］韩松. 论农村集体经营性建设用地使用权［J］. 苏州大学学报：哲学社会科学
版, 2014, 35（3）：70 – 75.

［69］崔文星. 土地开发增值收益分配制度的法理基础［J］. 政治与法律, 2021（4）：
122 – 134.

［70］汪洋. "三块地"改革背景下集体建设用地使用权的再体系化［J］. 云南社会科
学, 2022（3）：137 – 149.

［71］韩松. 论成员集体与集体成员——集体所有权的主体［J］. 法学, 2005（8）：
41 – 50.

［72］林翊, 林卿, 谢代祥. 中国经济发展进程中农民土地权益保护的理论逻辑［J］.
理论与改革, 2008（4）：78 – 80.

［73］方先明, 胡丁. 乡村振兴中的集体经营性建设用地入市的经济增长效应［J］. 江
苏社会科学, 2022（2）：117 – 128.

［74］陶源. 二元公有制下土地发展权与土地增值收益分配的研究［J］. 云南财经大
学学报, 2021, 37（4）：101 – 110.

［75］高兆明. "分配正义"三题［J］. 社会科学, 2010（1）：106 – 113.

［76］高鉴国, 高功敬. 中国农村公共品的社区供给：制度变迁与结构互动［J］. 社会
科学, 2008（3）：68 – 76.

［77］郑雄飞. 地租的时空解构与权利再生产——农村土地"非农化"增值收益分配
机制探索［J］. 社会学研究, 2017, 32（4）：70 – 93.

[78] 肖进成.《劳动合同法》实施效果研究：以保护农民工的合法权益为视角 [J].
调研世界, 2011 (9): 30-33.

[79] 杨璐璐. 乡村振兴视野的新型职业农民培育：浙省个案 [J]. 改革, 2018 (2):
132-145.

[80] 李爱芹. 乡村振兴战略的法治保障 [J]. 上海农村经济, 2020 (3): 36-40.

[81] 孙鸿志. 美国农业现代化进程中的政策分析 [J]. 山东社会科学, 2008 (2):
72-75.

[82] 欧阳忠明, 唐薇, 徐晨阳, 杨文茜, 李书涵, 刘雨婷. 终身教育领域研究：现
状与思考——基于国内相关文献的述评 [J]. 中国职业技术教育, 2019 (15):
29-38.

[83] 向安强, 贾兵强, 许喜文, 林楠. 浅论国外农民教育的特点 [J]. 成人教育,
2006 (1): 92-94.

[84] 胡寿壮. 我国新型职业农民教育的策略探析：基于农业发达国家农民教育的思考
[J]. 现代化农业, 2019 (3): 43-45.

[85] 付倩, 胡建勇. 美国和日本农民教育对我国新型农民培育的启示 [J]. 现代化农
业, 2017 (2): 46-47.

[86] 向安强, 贾兵强, 许喜文, 林楠. 浅论国外农民教育的特点 [J]. 成人教育,
2006 (1): 92-94.

[87] 石田. 国外加强农业教育与提高农民素质做法 [J]. 世界农业, 1997 (2):
35-37.

[88] 李瑶, 万蕾. 职业农民培育：日本的经验及对我国的启示 [J]. 农民科技培训,
2019 (3): 42-44.

[89] 许喜文, 贾兵强, 向安强, 陈锦梅, 易钢. 国外农民培养的历史经验与特点
[J]. 广东农业科学, 2009 (6): 239-244.

[90] 方正淑. 韩国终身教育的现状与课题 [J]. 外国教育研究, 1997 (4): 48-53.

[91] 冯红霞. 美国成人教育的发展趋向 [J]. 继续教育研究, 2010 (5): 88-89.

[92] 王羽菲, 祁占勇. 新中国成立70年来我国农民职业教育培训的嬗变轨迹：基于
政策与法律文本的分析 [J]. 职业技术教育, 2019, 40 (36): 19-28.

[93] 蒋丽丽. 成人教育理论研究新探 [J]. 成人教育, 2017, 37 (5): 11-13.

[94] 罗蓓. 论新型农民培养与农民教育体系重构 [J]. 继续教育研究, 2017 (6):
31-34.

［95］潘寄青，姜卫良，张小兵，等. 我国农民教育存在的问题及对策研究［J］. 山东农业大学学报：社会科学版，2006（1）：60－63.

［96］李文政. 农村职业教育发展模式与策略审视［J］. 继续教育研究，2009（8）：55－57.

［97］朱长艳，阎颖. 新农村建设背景下关于我国农村职业教育的发展思考［J］. 北方经济，2007（10）：119－120.

［98］马丹. 农村基层普法教育问题与对策研究［J］. 智库时代，2019（27）：3－4.

［99］郭智奇. 大力发展农民职业教育 培养高素质职业农民［J］. 中国农业教育，2011（1）：6－9.

［100］杨立新，冯尚春. 新农村建设中培育新农民的理性透析［J］. 东北师范大学学报：哲学社会科学版，2007（4）：79－82.

［101］梁鸿. 土地保障：最后一道防线的虚化［J］. 发展研究，1999，16（6）：24－25.

［102］司亚勤. 论农民工合法权益的保障［J］. 贵州社会科学，2005（2）：53－56.

［103］任兰兰，王春蕊，姜伟. 新型城镇化背景下农民工社会保障待遇确定机制研究［J］. 河北师范大学学报：哲学社会科学版，2015，38（3）：146－151.

［104］邓大才. 中国产权变迁与经验：来自国家治理视角下的启示［J］. 中国社会科学，2017（1）：4－24.

［105］王卫国. 现代财产法的理论建构［J］. 中国社会科学，2012（1）：140－162.

［106］徐勇. 中国家户制传统与农村发展道路：以俄国、印度的村社传统为参照［J］. 中国社会科学，2013（8）：102－123，206－207.

［107］张慧平，王霄艳. 论社会保障权的合法性基础［J］. 理论探索，2006（4）：137－139.

［108］王小章. 公民权视野下的社会保障［J］. 浙江社会科学，2007（3）：92－96.

［109］刘双良. 宅基地"三权分置"助力乡村振兴的作用方向与机制完善：基于三个改革试点典型实践的对比分析［J］. 中州学刊，2024（1）：54－62.

［110］李怀，陈明红. 乡村振兴背景下宅基地"三权分置"改革的政策意蕴与实践模式［J］. 中国流通经济，2023，37（4）：72－80.

［111］张翔. 论地役权的物权法律技术——兼论《民法典》上居住权、土地经营权的物权性质［J］. 西北大学学报：哲学社会科学版，2021，51（2）：97－110.

［112］史卫民，彭逸飞."三权分置"下宅基地资格权实现的法治保障［J］. 中国农

业资源与区划, 2023, 44 (5): 238-249.

[113] 孟庆瑜, 王耀华. 乡村振兴地方立法的文本检视与进路完善 [J]. 北方法学, 2023, 17 (4): 138-150.

[114] 李明华. 发展农村土地产权交易市场: 当前我国农村综合改革的最大红利 [J]. 探索, 2015 (1): 114-118.

[115] 郑雄飞, 黄一倬. 从均田到集中: 民生演化视角下的唐朝土地制度变迁研究 [J]. 东岳论丛, 2021, 42 (3): 131-138, 2, 192.

[116] 刘俊. 农村宅基地使用权制度研究 [J]. 西南民族大学学报: 人文社科版, 2007 (3): 116-123.

[117] 杜艳, 陈丹. 农村宅基地"三权分置"中"适度放活"的制度完善 [J]. 农业经济, 2021 (12): 84-86.

[118] 严金明, 蔡大伟, 夏方舟. 党的十八大以来农村土地制度改革的进展、成效与展望 [J]. 改革, 2022 (8): 1-15.

[119] 刘守英. 农村"三块地"试点与土地制度改革的可能路径 [J]. 中国人民大学学报, 2019, 33 (1): 1-15.

[120] 严金明, 陈昊, 夏方舟. 深化农村"三块地"改革: 问题、要义和取向 [J]. 改革, 2018 (5): 48-55.

[121] 郑泰安, 黄泽勇. 农村土地流转确权颁证问题研究 [J]. 农村经济, 2011 (6): 32-35.

[122] 徐博, 岳永兵, 黄洁. "三块地"改革先理顺利益关系: 对部分地区农村土地制度改革实践的调研与分析 [J]. 中国土地, 2015 (2): 28-29.

[123] 蔡俊, 袁宏伟, 王雪兵, 等. 期望权益、确权效应与宅基地退出意愿及代际差异: 基于合肥市近郊肥东县615份问卷的实证分析 [J]. 干旱区资源与环境, 2021, 35 (12): 23-29.

[124] 徐国良, 朱明佳, 徐玉婷. 农村宅基地非市场价值内涵及影响因素研究: 以江西省余江区为例 [J]. 中国农业资源与区划, 2021, 42 (10): 207-215.

[125] 孔祥智, 周振. 我国农村要素市场化配置改革历程、基本经验与深化路径 [J]. 改革, 2020 (7): 27-38.

[126] 唐健, 王庆宾, 谭荣. 宅基地制度改革绩效评价: 基于全国5省土地政策实施监测 [J]. 江汉论坛, 2018 (2): 36-41.

[127] 郭贯成, 王俊龙. 中国农村宅基地流转: 动态、主题及研究趋向: 基于

CiteSpace 知识图谱的可视化分析 [J]. 河南师范大学学报：哲学社会科学版，2022，49（4）：68 – 74.

［128］刘守英. 土地制度变革与经济结构转型：对中国 40 年发展经验的一个经济解释 [J]. 中国土地科学，2018，32（1）：1 – 10.

［129］陶钟太朗，潘学飞. 论应还原宅基地使用权空间权属性：实然规则、应然状态及 修法路径 [J]. 南京农业大学学报：社会科学版，2020，20（6）：125 – 133.

［130］孙建伟. 宅基地资格权法定化的法理展开 [J]. 法学，2023（11）：17 – 30.

［131］刘俊杰. 宅基地资格权：权属定位、功能作用与实现路径 [J]. 改革，2023 （6）：83 – 94.

［132］宋志红. 宅基地征收向宅基地收回的"逃逸"及其规制 [J]. 东方法学，2024 （1）：146 – 157.

［133］夏沁. 农户有偿退出宅基地的私法规范路径：以 2015 年以来宅基地有偿退出改革 试点为对象 [J]. 南京农业大学学报：社会科学版，2023，23（4）：152 – 164.

［134］张勇，周丽. 农村宅基地多元盘活利用中的农民权益实现 [J]. 中州学刊，2021，（4）：41 – 47.

［135］乔陆印. 农村宅基地制度改革的理论逻辑与深化路径：基于农民权益的分析视 角 [J]. 农业经济问题，2022，（3）：97 – 108.

［136］张先贵. 中国语境下土地发展权内容之法理释明——立足于"新型权利"背景 下的深思 [J]. 法律科学（西北政法大学学报），2019，37（1）：154 – 168.

［137］陈小君. 宅基地使用权的制度困局与破解之维 [J]. 法学研究，2019，41 （3）：48 – 72.

［138］陈柏峰. 土地发展权的理论基础与制度前景 [J]. 法学研究，2012，34（4）：99 – 114.

［139］杨雅婷. "三权分置"下宅基地增值收益分配研究 [J]. 法学家，2021（5）：31 – 42，192.

［140］付江涛，纪月清，胡浩. 新一轮承包地确权登记颁证是否促进了农户的土地流 转：来自江苏省 3 县（市、区）的经验证据 [J]. 南京农业大学学报：社会科 学版，2016，16（1）：105 – 113，165.

［141］王崇敏. 论我国宅基地使用权制度的现代化构造 [J]. 法商研究，2014，31 （2）：22 – 27.

［142］余永和. 农村宅基地退出试点改革：模式、困境与对策 [J]. 求实，2019

(4)：84－97，112.

[143] 杨慧琳，袁凯华，陈银蓉，等. 农户分化、代际差异对宅基地退出意愿的影响：基于宅基地价值认知的中介效应分析 [J]. 资源科学，2020，42（9）：1680－1691.

[144] 刘红梅，段季伟，王克强. 经济发达地区农村宅基地使用权继承研究 [J]. 中国土地科学，2014，28（2）：44－52.

[145] 欧阳安蛟，蔡锋铭，陈立定. 农村宅基地退出机制建立探讨 [J]. 中国土地科学，2009，23（10）：26－30.

[146] 胡银根，杨春梅，董文静，等. 基于感知价值理论的农户宅基地有偿退出决策行为研究：以安徽省金寨县典型试点区为例 [J]. 资源科学，2020，42（4）：685－695.

[147] 张怡然，邱道持，李艳，等. 农民工进城落户与宅基地退出影响因素分析：基于重庆市开县357份农民工的调查问卷 [J]. 中国软科学，2011（2）：62－68.

[148] 张文斌，王若讷，王一婕，等. 乡村振兴背景下农村闲置宅基地退出意愿及障碍因素分析——基于农户宅基地价值观视角 [J]. 干旱区资源与环境，2022，36（12）：41－48.

[149] 张勇超. 内部需求、外部因素对农户宅基地退出的影响研究——基于马斯洛需求理论视角的审视 [J]. 中国农业资源与区划，2023，44（3）：197－204.

[150] 刘少奇. 关于中华人民共和国宪法草案的报告 [N]. 人民日报，1954－09－21（5）.

[151] 付文. 湖北宜城探索宅基地制度改革农房可以抵押贷款 [N]. 人民日报，2016－06－04（1版）.

[152] 刘锐. 夯实权益基础，加快制度供给——谈农村土地"三权分置"如何落地 [N]. 中国国土资源报，2018－02－01（1版）.

外文：

[1] Expert Committee on Compensation and Betterment：Final Report（H. M. S. O.，1942），p.11.

[2] Rudolph von Jhering, Der Geist des Römischen Rechts auf den VerchiedenenStufen Seiner Entwicklung, Teil. 1, 5. Aufl. , Leipzig：Druck und Verlag von Breitkopf und

Härtel，1878，S. 7.

［3］ Michael Habel：Rechtlieche und wirtschaftliche Fragen zum Unrererbbaurecht，Mitt-BayNot Heft 5/1998，315；Hieber：Deutsche Notar – Zeitschrift 1955，327；Schneider：Deutsche Notar – Zeitschrift1976，411.

［4］ 清宫日郎. 宪法 I ［M］. 日本：有斐阁，1986：22.

［5］ 田上穰治. 宪法事典 ［M］. 日本：青林书院新社，1984：105.